こんにちは、
ゴゴスマの
石井です

はじめに～こんにちは、ゴゴスマの石井です～

皆さん、こんにちは。CBCテレビアナウンサーの石井亮次です。いや、ひょっとしたら、「こんにちは、ゴゴスマの石井です！」と言ったほうが、「あ、あの人ね」とピンと来る方が多いかもしれませんね。

月曜日から金曜日まで、午後1時55分から放送中の『ゴゴスマ～GOGO！Smile！～』はご覧いただけていますでしょうか？

早いもので『ゴゴスマ』は番組スタートから5年、東京でも放送されるようになってから3年が経過しました。

6年目に入る今年の4月からは新潟放送さん、静岡放送さんも加わり、全国7局へと放送エリアが拡大され、より多くの方に見ていただけるようになりましたが、放送が始まった時は、東海エリアのローカル番組が、まさか、こんなに大きく広がっていくことになるとは夢にも思っていませんでした。

その経緯については、この本の中で詳しく書いていきますが、「毎日、東京のテレビに映っている」という状況に一番驚いているのは、誰であろう、ボク自身です。

このまま一生、名古屋のアナウンサーとして生きていくんだろうな、と思っていました。実際、〝地方局魂〟という誇りも持っています。

いや、これはボクだけじゃなくて、ローカル局で働いているアナウンサーがみんな抱いている気持ちだと思います。

それが気づいたら、こうやって本まで書かせていただけるようになった。もうね、信じられないことばかりです。

ただ『ゴゴスマ』を見ていただいている方は、意外とこの番組が名古屋のスタジオから放送されていることを知らなかったりするんですよね。

たしかに画面を通して見たら、東京から放送していようが、名古屋から発信していようが、違いはわかりませんし、『ゴゴスマ』の場合、タレントさんもたくさん出演しているので、余計にわかりにくいかと思います。

だからですかね、最近はこんな質問や意見が耳に入ってきます。

「東京でも放送されているから予算もあるんでしょうね」

「台本もプロの方が書いてるんでしょ？」

「石井アナは順調なアナウンサー人生を歩んでますね！」

いやいやいやいや。予算なんて本当になくて映像を作る時間も人手もありません。台本なんてなくて、出演者の方に救われています。

え、ボクが順調？　幼少期から挫折ばかりの遠回り人生で、アナウンサーとしても失敗ばかりですよ！

そうお伝えしたくなりますが、さすがに会う人すべてにひとつひとつお話しするわけにもいきません。

ということで、せっかくの機会なので、この本でボクや番組にまつわるいろいろなエピソードや疑問をご説明していければな、と考えています。

自分でいうのもなんですけど、アナウンサーになるまでのいきさつも含めて、ちょっと「おもろい人生」を送ってきたんじゃないかな、と。

あっ、今の「おもろい」みたいに、ちょいちょい本の中にも関西弁が出てくることになると思いますけど、ボク、名古屋のアナウンサーですけど、大阪生まれの大阪育ち、生粋《きっすい》の関西人なんです。

これを話すと「じゃあ、なんでテレビで関西弁を使わないの？　自分のキャラクターを打ち出すために使えばいいのに」と言われるんですが、それにも実はいろいろな事情や理由があるんですね。

そのあたりもこの本の中でわかるように書いたつもりです。

どうです？　ちょっと読んでみたくなりましたか⁉

ボクが『ゴゴスマ』の巨大ボードのシールをペラッとめくるような感覚で、どうぞ、お好きなページからお気楽にページを開いてみてください。もちろん『ゴゴスマ』の話が中心ですが、幕の内弁当のように内容は揃っています。

根暗だった子どもの頃の話。

アナウンサーじゃない人生を歩みそうだった話。

タレントさんとの意外な結びつきがありますよ、という話。

嫁はんとの出会いと結婚の話。

そして、運命の糸がいくつも絡み合った家族の話。

全部、読んでいただければ「あぁ、石井ってこういう男だったのか」とわかっていただけると思いますし、その上で『ゴゴスマ』を見ていただければ、また、違った楽しみ方ができるんじゃないでしょうか。

まず第1章では『ゴゴスマ』の話から書いていきたいと思います。

いきなりですが、実はこの番組、あまりにも視聴率が悪くて、いつ打ち切られてもおかしくなかったんです――。

第2章

生粋の大阪生まれ、大阪育ち

「しゃべり」と「お笑い」と「ラジオ」が友達ゼロの根暗少年を救ってくれた

コラム 石井アナの素顔大公開

増田 英彦

第3章

ゴゴスマとの出会いで人生が変わった……93

就職浪人を経てCBCに入社……でもボクはポンコツなアナウンサーでした

コラム　石井アナの素顔大公開

多田しげお

第4章

プライドなくて、すみません……135

父として、夫として、男として
石井亮次、41歳の『ありのまま』

ゴゴスマの石井亮次ができるまで写真館

赤ちゃんの時のヒトコマ。
石井家の次男として産まれました

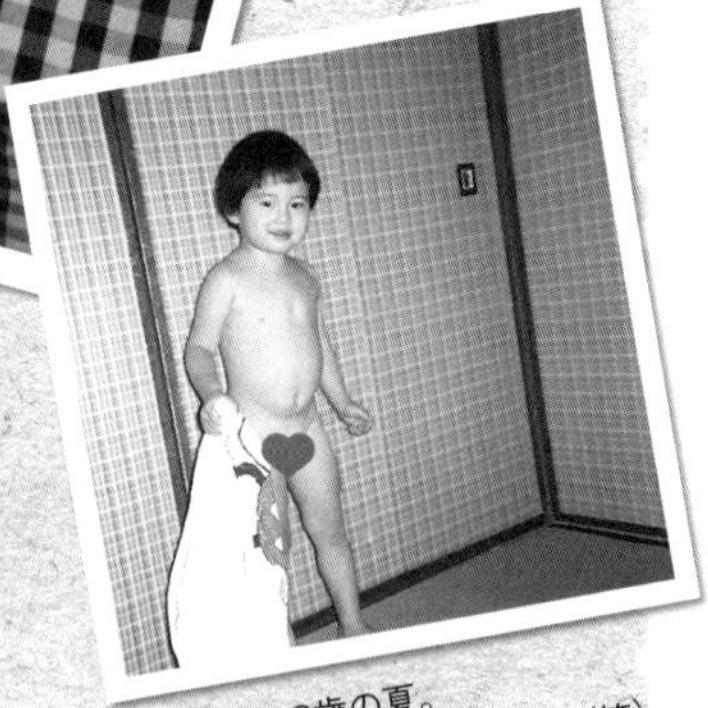

石井亮次、2歳の夏。
貴重なセクシーショットです（笑）

名古屋のアナウンサーですが、
実は大阪生まれ・大阪育ちです！

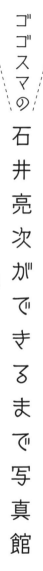

第 1 章

午後1時55分の奇跡!

視聴率1%を切った『ゴゴスマ』が皆さんに愛されるようになった理由

そもそもは東海エリアのローカル番組でした

『ゴゴスマ』がスタートしたのは、２０１３年4月。

当初は東京では放送されていませんでした。

すなわち完全なる東海エリアのローカル番組。それでもＣＢＣにとっては、お昼の14時前から16時までの時間帯は久しくドラマの再放送枠だったので、生のワイド番組をスタートさせることは、局内ではかなり思い切った編成でした。

さらに、最近になって『ゴゴスマ』をご覧になり始めた視聴者の方々には、まったく想像がつかないとは思いますけど、放送開始当時は政局ネタや時事ネタは「まったく」というほど深くは取り扱っていませんでした。

それこそ世間の耳目を集めるニュースはひとつのコーナーに押し込んで、地域密着の思わず笑顔になるような情報を愛知・岐阜・三重の3県に向けてお届けする、という構成。**番組名に『スマイル』が入っているのは、この時の名残《なご》りなんですね**。現在はスマイルとは無縁の堅いニュースから番組がスタートすることが多いんですが。

今でもスタジオ出演されるレギュラーにはタレントさんや芸人さんが多いですけど、

当時はもっとたくさんの芸人さんが出演していました。

というのも、毎日、ロケのコーナーがあり、そのレポーター役を芸人さんに担当していただいていたからです。

ロケといっても、東海3県に特化したものですから、それこそデパートの催事会場だったり、地元の名物おじさんを訪ねに行ったりとか、本当にのんびりとしたムードで番組を構成していました。

裏には『情報ライブ ミヤネ屋』という怪物番組がありますから、時事ネタで真っ向勝負したって敵いっこない。なので、生活情報をメインにして勝負をかけることにしました。

向こうが連日、10％前後をキープしているのに、こっちはだいたい3～4％ぐらい。お昼の帯番組ですから、視聴習慣が非常に大きくて、視聴者の方が定着するまでには、どうしても時間がかかるんです。

それでも若奥様をはじめとして、一定の支持を得られるようにはなっていました。よくよく数字をチェックしてみると、こっちがアップした分、『ミヤネ屋』さんの視聴率が下がるんですね。相手が怪物なので、真っ向勝負しているつもりはまったくなかったんですけど、現実にはお客さんの取り合いをしていたことになります。

まさかの東京ネットで地獄の2015年へ

ちょっとずつ手応えを感じ始めたタイミングで、ビックリするようなニュースが舞い込んできました。

なんと2015年4月から『ゴゴスマ』が東京でも放送されることになったのです！本来であれば、東京でも放送されて、より多くの人たちに見ていただけるようになるんですから、喜ばしいことですよ。特にボクみたいな地方局所属の東京では無名のアナウンサーが、毎日、東京の番組に登場するなんてことはまずあり得ませんから。

でも、その前に疑問が生じるわけです。

「東海エリアに密着した情報をお届けしているのに、東京で放送するの？」

しかも、番組をまるまる放送するのではなく、最初の1時間だけを東京にネットして、後半の1時間は東海ローカルに戻る、というかなり変則的な編成でした。

作る側からしたら、番組の中に大きな「川」ができるようなものです。川のこっち岸とあっち岸ではまるっきり違う内容にしなくちゃいけない。

やっぱり前半1時間は、東京を意識してニュースを取り扱うしかありません。だって、名古屋のお買い得情報をお伝えしたところで、東京に住んでいる方にとっては、まったくもってお得にはならない情報になっちゃいますから。

名古屋で地道に2年やってきて、ちょっとずつ支持を得てきたものを、一度ぶっ壊さなくちゃいけないわけで、正直、これは厳しかった。もう試行錯誤の連続で、みのもんたさんがやっていた電話人生相談みたいなコーナーを差し込んでみたりもしましたけど、まぁ、これがなかなか上手くはいかない。

先ほども書いたように、番組内に「川」があるので、そこをまたいでトークすることもできません。つまり、フリートークも制限されてしまうわけで、なかなかにフラストレーションがたまる日々でした。

結果、「あぶはち取らず」というやつで、**東京での視聴率が伸びないだけでなく、名古屋での数字も落ちてしまいました**。

ずっと見てくださっていた方からすれば、最初の1時間を見て「あれっ、番組名も出ている人たちも同じなのに、なんか違う内容になっちゃった」と感じたでしょうし、それでチャンネルを変えてしまう人も多かったんだと思います。後半1時間は、これまでのテイストを残してきたんですが、一度、チャンネルを変えてしまった方には、なかなかそれが伝わらない。**番組にとって「地獄の2015年」が幕を開けました**。

放送枠拡大も絶望的な視聴率「0・9%」!

２０１５年10月からは、東京でもまるまる2時間、放送されるようになりました。ただね、皆さんも不思議に思いませんか？　普通だったら、番組が好評で視聴率も好調だから枠を広げましょう、という話になるんですが、この時点では好評でも好調でもない。むしろ、視聴率は最悪です。

明確に理由は説明されていなかったんですけど、ボクらからしたら「あぁ、もう完全にイチかバチか、だな」と。一応、プロデューサーに聞きましたよ。「絶不調なのに2時間にしていいんですか?」と。その時の返答は「このまま続けていくよりも、思い切って形を変えたほうが良くなる可能性がある」。もはや現状維持すら難しいから、イチかバチかの大勝負をかけるしかないってことです。

あのまま、おとなしくローカルで放送していたら長続きしたかもしれないのに、この大バクチに失敗したら、もう確実に打ち切りです。

正直ね、始まって1週間もしないうちに、腹を括《くく》りましたよ!

2時間まるまる東京にネットすることで、番組内容も完全に「東京向け」にシフトチェンジしなくてはいけない。『ミヤネ屋』さんをはじめとする裏番組と、同じような内容で勝負したところで、まぁ、どうにもなりませんからね。

忘れることができないのは、父親の葬儀の日の生放送。

番組を休んで葬儀に参列することも考えましたが、さすがにリニューアル直後に司会の人間がいない、というのはよろしくないし、父親が「何よりも仕事を優先しろ」という人だったので、もう涙をこらえながら出演しましたよ。

ちょうど番組の放送中に葬儀が始まって、霊柩車で火葬場に向かうという段取りだったんですが、翌朝、視聴率速報を見て、もうビックリです。

「0・9%？　霊柩車だけに、0・9か！」

しかもグラフをチェックしてみると、番組終了間際の数字は0・5%しか取れていない。Eテレさんの裏番組『ロシア語講座』と視聴率争いをしている、という痺れる現実に、スタッフと冗談で**「明日からこっちもロシア語で放送する？　日本語で情報を発信しているのに、この数字はさすがにやるせないわ」**と話したことを覚えています。よくこの数字で打ち切られなかったな、と今思えばゾッとします。

それからちょうど2年後――奇《く》しくも、父親の三回忌の日に『ゴゴスマ』は関東地区で初めて、『ミヤネ屋』の視聴率を上回ることになるのです。

父の三回忌に涙のリベンジ達成！

絶望的な視聴率でも、決して見捨てずに番組を打ち切らないでくれたＴＢＳさんと、懸命に支えてくれたスタッフたちには感謝しかないです。

もともとドラマの再放送枠だったので、その数字を上回れば及第点、とは言われていました。つまり、そこまで裏番組を意識しなくてもいいよ、という話なんですけど、ドラマの再放送でも、平均で2～3％は稼げますから。０・９％という数字はあまりにも絶望的すぎて、正直、あの時期の記憶って、ほとんど残っていないんです。いったい何をモチベーションにがんばってこられたのか、まったく覚えていません。

ほかのチャンネルではおなじみの方が番組を仕切っているのに、『ゴゴスマ』をつけたら「お前、誰？」っていう若造がしゃべっているんですから、「そりゃ、誰も見ないよなぁ～」と自虐的に落ち込みつつも、毎日、生放送は容赦なくやってくるわけで、記憶にはないけれど、悪戦苦闘の日々を送っていたんでしょう。

そんな『ゴゴスマ』ですが、おかげさまで今でも続いています！

何かがきっかけで急激にドーンと視聴率が上がったわけではなく、本当にじんわり

じんわり……それこそ1年に1％ぐらいのペースで平均視聴率がアップしていって、今では同時間帯でトップの数字をマークすることも。

その理由についてはこの章で詳しく書いていきますが、初めて関東地方で『ミヤネ屋』さんの視聴率を上回った日は、本当に感動しました。

放送日はまさに父親の命日だったからです。

その前の日曜日に三回忌法要をやった時、母親から「あんた、最近、ネクタイをしてテレビに出てるでしょ。お父さんのいいネクタイがたくさん残っているから、持っていきなさい」と言われたんです。

たしかにいいネクタイがいっぱいあって、その中から高級そうな1本を選んで「じゃあ、これを命日に着けてみるわ」と。父親の形見を身に着けて、それでもいつもと変わらぬ自然体で番組をお届けしました。東国原《ひがしこくばる》（英夫《ひでお》）さんが一緒だったから水曜日ですね。オープニングから政治の話をガーッとやったことだけは覚えています。

そして、翌朝。**発表された関東での視聴率は5・4％！**

2年前、父親の葬儀の日に叩き出した0・9％の実に6倍です！　わずかながら『ミヤネ屋』さんの数字を超えていることを確認した時、ボクは静かに泣きました。諦めずに続けてきてよかった――この日の感動は一生、忘れないでしょう。

『ゴゴスマ』はすべてにおいて「しゃあない」番組

　ボクたちの番組は名古屋のＣＢＣテレビのスタジオから放送しています。東海エリアだけで見てもらうのであれば、なんの問題もないんですが、これが東京などでも放送されるとなると、実はもうマイナスだらけなんです！

　何か大きな事件を報じている時に、急に大きな動きがあったとしましょう。これがキー局であれば、すぐにレポーターを派遣したり、ヘリを飛ばして中継をやったりと、迅速かつダイナミックに放送を展開できます。それこそが生放送の醍醐味ですからね。ところが名古屋を拠点にしていると、その部分でどうしても一歩も二歩も遅れをとってしまう……こればっかりは仕方がないんですけど、この番組が名古屋のスタジオから生放送されていることをご存じでない、という方が今でも結構いらっしゃるんです。これはこちらの都合ですから「すいません！　名古屋からやっているんで、そこは大目に見てくださいよ」では通用しません。

　ＴＢＳさんをはじめとして、系列局の皆さんにニュースなんかのご協力をいただいて、時には『ゴゴスマ』を放送していないのに、事件現場からの中継を入れてくれる放送局さんもあります。本当に感謝感謝なんですが、それでもチャンネルをザッピングすれば、他局ではヘリからの生中継をしているのに、『ゴゴスマ』だけはスタジオで延々、トークをしている……なんてこともある。普通であれば、チャンネルを変えられてしまっても仕方がないですよね。

それで作り手側が「しゃあない」と諦めてしまったら、もう本当にそこまでです。とっくに『ゴゴスマ』は終わっていたと思います。でもね、この番組のスタッフがしたたかなのは、その「しゃあない」を逆手にとって、**そのマイナスポイントを唯一無二のストロングポイントに変えてしまったところなんですね**。

人手が足りない。予算も少ない。事件が急展開しても、東京まで駆けつける時間もない。本当に「ないないづくし」で「しゃあないなぁ〜」となってしまうんですが、**「じゃあ、逆にそこから面白い発想ができないか」とみんなで考えるわけです**。

他局が緊迫する生中継を放送する裏で、あれもこれも足りない名古屋発の番組がチャンネルを変えられずに、ずーっと見続けてもらうにはどうしたらいいんだろうか?もう試行錯誤の連続でしたが、結果として『ゴゴスマ』は、時には同時間帯でトップの視聴率をマークできるまでの高い支持をいただくようになりました。ここから、その秘密をお話ししていきたいと思います。

番組名物「巨大ボード」誕生の秘密！

初めて『ゴゴスマ』に出演される方は、スタジオに入って、まず同じポイントで驚いてくださいます。

「本当にこのボードって大きいんですね！　テレビで見ていても大きいなぁ、と思っていたけれど、想像していたよりもずっと大きい！」

これまで、お昼の情報番組ではたくさんのネタを、次から次へとお見せしていく、というのが定番のフォーマットでした。ただ、そのためには取材VTRが必要です。

さらにニュース映像だけではなく、関係者の証言、近所に住んでいる方のコメント、新橋駅前や銀座で拾った街の声……そうやって多角的に映像で見せていきます。

東京のキー局であれば、当たり前のようにできることですけども、名古屋からだと、コメントのVTR取材をするために、わざわざカメラを出すことが基本的には難しい。先ほども書きましたけれど、人手も予算もありませんし、東京までは新幹線で1時間40分ほどかかってしまう。「あぁ、どうしよう～」となるわけです。

それでも番組の尺は2時間あります。そういった映像がないと、この時間を埋めるのはなかなか難しいのが正直なところでした。

あとで書きますが、ほかの番組と比べて『ゴゴスマ』ではスタジオトークの長さがウリのひとつになっているんですけれども、いつも見てくださっている方にはおなじみであっても、パッと番組をつけた人には、その魅力はなかなか伝わりません。

一瞬でドーンと視聴者にインパクトを与えられるのは、なんだろう?

試行錯誤の結果、誕生したのが「巨大ボード」でした。

あれだけ大きいと作るのも大変です。印刷にも時間がかかるし、貼るのも人力。放送がスタートするタイミングでは、まだ空白になっている部分があったりして、結構ヒヤヒヤすることも多いんですが、あれがバーン!と画面に映るだけで「この番組では、この話題をこんなに長く、ここまで深く放送しますよ!」と視聴者の方に一発でわかってもらえます。

CMの前に、まだボードの半分まで到達していなかったら「あぁ、このあともまだまだ続くんだな」と、わかってもらえる点もメリットです。

それを「長いな」と思われてしまうのか、「まだまだ見よう」と思ってもらえるか?その部分も大きな賭けでしたが、そこで大きな武器となったのが、この番組の特色でもある多彩なコメンテーター陣の存在でした。

多彩すぎるコメンテーターは『ゴゴスマ』の武器

『ゴゴスマ』は生活情報番組としてスタートしました。奥様の家事に役立つ情報などがメインで、当初はこんなに時事や政局ニュースを取り上げることになるとは、想定もしていませんでした。だからこそ、その名残りというか、スタジオに登場していただくコメンテーターの方々にタレントさんやお笑い芸人の皆さんが多いんですね。

番組リニューアル前から出演してくださっている「ファミリー」です。

このメンバーが豪華なことも名古屋から放送されているとは思われない要因のひとつになっているんですが、これこそが『ゴゴスマ』にしかない最強の武器なんです。たしかに取材VTRの数は少ないかもしれません。ただ、ひとつの映像を受けて、スタジオでのトークが長く深く回せるだけのメンバーが揃っているんです！

これは強いですよ。さらに情報を掘り下げるべく、日頃からしっかり取材をされている政治や時事問題の専門家の方たちもお招きしている。VTRは少ないですけど、皆さんがボードを指差しながら、「この件について、先日、○○さんに取材してきたんですが……」とコメントしてくださるから、映像にも負けない臨場感が出てくる。

その上でタレントさんや芸人さんが、完全に視聴者目線でトークに乗っかってきてくださるから、時には脱線しつつも、ほかの番組にはない、独自の切り口なのにわかりやすい解説ができていると思います。

ここはもう思いっ切りぶっちゃけますけど、**あのトークは完全に「テキトー」です！**

普通の番組はプロがちゃんと作った台本があって、事前にしっかりと打ち合わせもして「ここで○○さんに話を振りますから」とお伝えしますけど、『ゴゴスマ』に関しては、まず出演者さんとの打ち合わせ自体がありません（笑）。台本もあってないようなもので、「そこのボードを見ておいて」とだけ言われます。ディレクターはそのボードを作るので手いっぱいなので、打ち合わせをする時間的な余裕がないんです。

今だから言えますが、新しいコメンテーターの方がいらして、「なんだ、この番組は。打ち合わせもなくて、司会者もいきなり振ってくる。おかしいじゃないか！」と怒って帰ってしまうという事件もありました。

それはもうごもっともなお怒りなんですが、逆に今、出演されている方は**「取材してきたことをかなりツッコんでしゃべらせてくれる。こんなにありがたい番組はないですよ！」**と喜んでくださっている。ボクたちはそんなたくましい出演者におんぶにだっこで「出たとこ勝負」を毎日やっているのです。

知ってほしい松本明子さんのスゴさ

生活情報番組時代から出演してくださっているタレントさんたちは、すごく難しい立場にあると思います。というのも、急に番組が政治の話や国際情勢に寄っていったので、「自分は名古屋まで来ているのに、どんなコメントをすればいいかわからない」と思われてしまっても仕方がないですからね。

たとえば、水曜日です。元宮崎県知事で元国会議員の東国原さんに関してはのちほど詳しく書きますが、松本明子さんも2014年からずっと『ゴゴスマ』に出演してくださっています。まだ東海エリアのローカル放送で、主婦向けの生活情報がメインだった時代からのレギュラーになります。

そこが大事なポイントで、松本明子さんはまさに「主婦目線」の代表格なんですね。テレビを見ている主婦の皆さんが「こんなに難しい政治の話、わからない」と思ったタイミングで、松本さんがまさにその目線で「これってどういうことなんですか?」と質問してくれる。これで主婦の皆さんも、グッと画面の中に引き込まれるわけです。

本当にスゴいなぁと思うのは、ただ単に素朴な疑問を主婦代表としてぶつけているのではなく、松本さんはちゃんと番組を細かくチェックしているんですよね。つまり、**ご自身が出演されている水曜日だけでなく、ほかの曜日もしっかりと見た上でスタジオに来てくださるんです**。いったい、そんな時間、いつあるんだろうと驚いてしまいますけど、決して「毎日、見てますよ」という社交辞令ではなく、「先週の木曜日にこのニュースであんなコメントをしていたけど、あれはどういう意味ですか?」と質問してくるので、あぁ、本当にすべて見てくださっているんだ、と。

そうやって、しっかりと勉強をしてくださっているからこそ、番組内での素朴な疑問が、決して的外れなことではなく、ものすごく真理を突いている。専門家の方も答え甲斐《がい》があるし、結果、視聴者の皆さんにも非常にわかりやすい解説を引き出すことができるわけです。

長く最前線で活躍されているタレントさんには、やっぱりそれだけの理由があるんですよね。番組を回す立場としても、非常に助かっています。

同じ日に出演しているニッチェのおふたりも、わからないことは「わからないです」とストレートに言ってくださる。それも番組にとって大事な役割です。しかも、芸人さんとして笑いに転換して、しっかりオチもつけてくれる。打ち合わせもなしにトークの「チームプレー」が成立するのは、本当にプロの仕事だな、と思います。

東国原さんは「最強」のコメンテーター！

コメンテーター陣でこれまた大きいのは東国原英夫さんの存在です。もうね、「ウチの番組で」というよりも今、日本で最強のコメンテーターじゃないでしょうか？元東京都知事のお金の問題で揺れた時も、東国原さんは「元知事」の立場から話せる。森友・加計問題で国会が混迷した時には、「元衆議院議員」として、裏の裏までがっつりと語ることができる。

芸能人の結婚や離婚のニュースの時にも、東国原さんはどちらも実際に経験済みですから（失礼！）、コメントにもう説得力しかないんですよ。

極め付きは2018年に勃発した『オフィス北野』のお家騒動。この人以外に誰が語れる？というぐらいのスペシャリストですからね。

あまり動きがない時には、『オフィス北野』の周りに集まっている報道陣を俯瞰《ふかん》で撮った映像を流すことしかできなかったんですが、東国原さんはその映像ですら価値が生まれるようなコメントを出してくださるんです。こんな人、ほかにいませんから。

そうそう、最近はお子さんも産まれたので、少子化問題までカバーできますからね。

これだけ多彩なジャンルを、すべて経験談を交えて専門的に語れるなんて、まさに「最強」にふさわしい存在です！

本来、ボクみたいな者が気軽に話しかけられるような方ではないんですけど、ここで助かるのは、横に松本明子さんとニッチェのおふたりが座っていてくれること。彼女たちがいるから、東国原さんも安心してボケられるし、堅い政治ネタに笑いが生まれる。これ、ものすごく大事なんですよね、番組として。

よく「石井アナは東さんを上手に回す」と言ってもらえるんですが、とんでもない！ほかの共演者の皆さんのフォローがあってこそ、東国原さんのトークがより活きているわけで、ボクなんかの力じゃありませんからね。

そんな東国原さんがTwitterでボクのことを褒めてくださったことがあって、嬉しくていまだに文面を保存してあります。

「石井アナは、アナとして天性の才能があるし、『人には、努力が必要だ』と認識している才も有している。見習わなければならない部分が多々ある。僕は、彼に平素から言っているが、『必ず貴方の時代が来る』と。」

これ、『ゴゴスマ』が好調の波に乗る前の話。この数か月後に、東国原さんが出ている回で『ミヤネ屋』の視聴率を超えました。もう二重の意味で嬉しかったですね。

知ったかぶりをせずに済む理由

たまたま水曜日のコメンテーターの話ばっかりになってしまいましたが、ほかの曜日も絶妙なバランスの座組みができています。

けっこう過激な意見を連発して、一見、暴走しているかのように見える先生もいらっしゃったりします。「これ、ほかの番組だったら炎上してしまうだろうな」と思うぐらい、ヒヤヒヤすることもあるんですね。本来、アナウンサーが上手にフォローしなくちゃいけないんでしょうけど、ボクたちが「あっ、いや、それは……」と言葉を探しているうちに、芸人さんがサッと拾って、炎上する前に火消ししてくれる。

まさに絶妙。見ている方からすれば、過激な発言でその事件に対するストレスを解消できるし、しかも自然と笑いに変わるので、違う意見を持っている方もギリギリのところで不快な気持ちにならなくて済む。これが打ち合わせなしで成立しているんですから、本当に毎日が綱渡りです（笑）。

本来はボクが政治や国際問題にもっと造詣《ぞうけい》が深くて、コメンテーターの方々と丁々発止のやりとりができればいいんでしょうけど、お恥ずかしいことにボクは「ある理由」から、一般常識について、かなり疎かったりするんですね（「ある理由」については、第2章をお読みいただければ、あぁ、なるほどと納得していただけると思います）。

普通の番組だったら、タレントさんが「これ、どういうことですか？」と振ってきたら、ボクが「こういうことじゃないんでしょうかね」とだいたいのあたりをつけ、それを専門家の方が「その通りです」と受けてくれた上で、さらに細かい解説を加える、というのが王道の流れになります。

それが『ゴゴスマ』では、タレントさんの「これ、どういうことですか？」に対して、ボクも「ええっと、どういうことなんでしょうか？」と受けるから、疑問がより深くなってしまう。雪だるま式に膨らんだ疑問を専門家の方たちが「えっ、そこから説明しなくちゃわからないですか？」という表情を浮かべながらも、懇切丁寧に解説してくれるので、**結果、ものすごくわかりやすいニュース解説になる**。

これ、ほかの番組では絶対に成立しないです。

なぜなら、たくさんの話題を紹介しなくてはいけないので、ひとつのニュースをそこまで深掘りする余裕がないから。『ゴゴスマ』はひとつのネタにたっぷり時間を使うスタイルだからこそ大丈夫なんです。おかげで知ったかぶりをせずに「いや、ボクにもわかりません」と自然体でいられます。

重労働の向こう側にある「醍醐味」

そもそもニュースを扱う番組としてスタートしたわけではないので、ちょっとシステムがほかと違う、という部分もたしかにあります。

通常の情報番組であれば、総合司会の方が「それでは○○アナウンサー、お願いします」と詳細の説明は、アナウンサーやアシスタントにお任せする……これはどの番組でも基本的に変わらないですよね。

それが『ゴゴスマ』だと、全部、自分がやるんです。というか、やらざるを得ない。プレゼンもして、話も回して、番組全体を進行する。

もちろん自慢じゃなくて、これ、かなりの重労働です。**毎日「俺、死ぬんちゃうかな?」と思いながらやってますからね、正直な話**。

今、政治の話をやっているけど、頭のどこかではCM明けの話題のことも考えなくちゃいけないし、番組の後半ではドラマの番宣もある、と意識しておかないといけません。そりゃあ、もう頭の中はパンパンになるし、時には「はぁ〜、なるほど!」と言いつつも、まったく言葉が頭に入っていないこともあります(そういう時は、アシスタントの女性アナウンサーに助けてもらっています！）。

これから先の章を読んでいただければわかりますけど、こう見えて（？）、ボクはめっちゃ小心者なんですね。

だから、今までは事細かにびっしり台本に書かれている番組のほうがありがたくて、ボクのような小心アナウンサーには向いているな、と勝手に思い込んでいました。

決められたことを、ちゃんと言えば場は回る。

困った時にはカンペを頼りにすればいい。

なんなら、コメンテーターの解説を受けてのリアクションまで台本に書いてあったら、本当に助かるわぁ、ぐらいの感覚でした。

ところが『ゴゴスマ』には、そういった「保険」が何ひとつないんです。

でも、いざやってみたら、重労働ではありますけど、これが非常に楽しい！

ボクには向いていないと思っていたんですが、一度、生放送ならではの醍醐味を味わってしまうと、楽しくて仕方がなくなりました。

なかなかテレビでここまでの番組はないな……そこであることに気がついたんです。そうか、『ゴゴスマ』は単なるテレビ番組と考えちゃダメなんだ、と。その理由についても書いていきましょう。

『ゴゴスマ』はある意味『ラジオ』です

テレビに関わる人間がこんなことを言っていいのかどうかわかりませんけど、ボクが感じたのは「『ゴゴスマ』って、テレビ番組じゃなくて、ある意味〝ラジオ番組〟なんだな」ということです。

CBCにはテレビだけでなく、ラジオもあるので、ボクもラジオ番組を担当してきました。それ以前に、ボクがアナウンサーになろうと志したルーツは、小学生の時に聴いたラジオのプロ野球中継でした。いや、もうアナウンサーとしてのルーツというか、自分という人間がガラッと変わるきっかけを作ってくれた、ボクの人生の基幹になっているといっても過言ではないのがラジオでした。

だから、「あぁ、ゴゴスマってラジオなんだ」とわかった瞬間、ものすごく気持ちが楽になったんですよね。

2時間番組の『ゴゴスマ』ですけど、ここまで書いてきたように、ほかの情報番組と比べると、VTRの時間がものすごく短いんです。スタジオでのフリートークの時間は、2時間のうち、実に70分近くもある。**その70分間に関しては、本当にラジオ感**

覚で見ていただければな、と思いながらしゃべっています。

次から次へとVTRが流れてくると、たしかに画面から目が離せなくなります。テレビ番組としては、それが大正解なんでしょうけど、平日の昼下がりにお仕事をしながらとか、家のことをやりながら、といった感じでご覧になっている方が多いことを考えると、本当にラジオを聴いているような感じでフリートークに耳を傾けていただき、「それでは記者会見の映像をご覧ください」となったら「おっ！」と画面に釘づけになってもらう……それぐらいの感じが、実はちょうどいいんじゃないか、と。実際、ラジオのような感覚で楽しんでくださっている視聴者の方もいらっしゃるんじゃないでしょうか。

ただ、フリートークならではの怖さもあります。

以前、フィギュアスケートの村上佳菜子さんに出ていただいた時、スタジオでの尺が微妙に余ったんですね。どうにか埋めないといけない。

咄嗟《とっさ》に出た言葉が「村上さん、ほかになんかあります？」。

さすがに村上さんも「私に任せないでください（笑）」と困惑していましたが、ラジオだったら放送事故モノの大失言ですよ、これは。もっとフリートークの精度を上げないといけないな、と猛省しました！

ついつい口が軽くなる（？）名古屋マジック

名古屋から放送していることに関しては、どうしてもデメリットばかり目立ってしまいがちですが、逆にいいこともあるんですよ。

正直に書きますね。**出演者の皆さん、確実に油断してます（笑）！**

新幹線に乗って、東京から名古屋まで1時間40分ぐらい。おそらく、そのあいだにスイッチがオフになるんでしょうね。

そして、名古屋駅からCBCのスタジオまでやってくるあいだに、車窓から風景を眺めては「そうだ、ここは名古屋だ。東京じゃない」と確認する。

おそらく、そういうステップを踏んで、生放送が始まる頃には「東京じゃないから、多少、口を滑らせてもいいかなぁ〜」というモードに入っている……ような気がするんですよね。あくまでもボクの想像ですけど。

でもね、反対のケースを考えると、よ〜くわかるんです。

ボクがたまに東京の番組に呼ばれると、やっぱり行きの新幹線で緊張感が高まってきて、東京のテレビ局の大きな建物を見ると、自分もテレビ局の職員なのに、「うわぁ、テレビ局や！」と完全にのまれちゃいますからね。そこから名古屋に帰ってくる時のホッとした感覚ときたら！　あれが芸人さんやコメンテーターの皆さんにも発生しているとと考えたら、いい意味で油断してくれているんじゃないか、と。その結果、放送中のトークが面白くなっているんであれば、ありがたい限りです。

実際、大阪ローカルのワイドショーは、かなり過激な発言が飛び交うことで有名です。ただ『ゴゴスマ』に関しては、東京にもネットされているんですが、名古屋のスタジオにいるという安心感が、それを忘れさせちゃうみたいです。

思わず、放送中に「これ、東京で偉い方が見ているかもしれないですけど、そこまで言っちゃって本当に大丈夫ですか？」とコメンテーターの方に確認したくもなっちゃいますけど、せっかく面白い展開になっているので、そこはグッとこらえます。たぶん、放送を見たら、**ボクの表情が「アカン、アカン、ホンマにアカンでぇ〜」という険しめな苦笑いになっている時があると思います**。

逆にコメンテーターの方もハッと我に返って「しまった、口を滑らせすぎた……」と気づいてしまったのか、急に歯切れが悪くなったり、愛想笑いでごまかしながら、コメントを出さなくなったりもするんですよ（笑）。

これからは、そんな表情も読み取りながら、『ゴゴスマ』を楽しんでみてください。

ガラケーのごときアナログの手触り感

今、テレビは地デジで放送されていますけど、『ゴゴスマ』には、全体的に『アナログ感』が漂っています。

名物の巨大ボードからして、もう完全にアナログですよね。『ゴゴスマ』以外のほとんどの番組ではボードではなく、大きな画面が使われています。それこそ画面をタッチすると、次の話題が自動的に映し出される仕組みになっている。スマホの操作みたいな感じで、見ていても違和感がないんでしょうね。

ちなみにボクはいまだにガラケーを使っています。

つい先日、そのガラケーが壊れてしまって、急に液晶画面が表示されなくなってしまいました。これ、テレビ番組だと思ったら怖いですよね。次の話題に進めないじゃないですか⁉　そんなことが頭をよぎって、ボクはスマホではなく新しいガラケーを買いました。もはや、中身はスマホそのものみたいですけど、ガラケーならではの安心感をボクは買ったようなものです。

そう、アナログには安心感があるんですよ！　**なんといっても、巨大ボードに「故**

障」はありませんからね！

しかし、他局ではポンポン画面が変わっていくのに、こっちはボードを出しっぱなしにしたまま。コメンテーターの方に大事なことを話していただいた時は、それを確認したり、強調したりするために、ボクが赤のマジックペンで丸く囲んだり、アンダーラインを引いたりする……力が入りすぎて、ボードに何が書いてあるのか読めないぐらい真っ赤に塗り潰してしまうこともありますけど、アナログというか〝人力〟でどこが大事なのかを伝えるには、この方法が一番だと思います。

先日、ある人に言われました。

「裏番組を見ていたら、緊急記者会見の映像が流れた。CMに入ったから、ザッピングしていると『ゴゴスマ』で手が止まったよ。だってこの番組だけは〝速報が入りました！〟と、さっき他局で流れていた会見の要点をフリップで紹介していたから〝ええっ？〟となった。しかも印刷されたフリップじゃなくて、ディレクターがペンで殴り書きしたような手書きのフリップ。あれは逆にインパクトがあった！」

一周まわって新鮮、なのかもしれません。そうやって手が止まる、目に留まるということは、しっかりと情報が届いたという証《あかし》ですから、人手もない、お金もないボクたちが編み出した苦肉の策も、ちゃんと番組の「強み」になっているのですね。

視聴者が「上から目線」になれる番組です

タレントの嘉門タツオさんが『ゴゴスマ』のヘビーウォッチャーで、本当にほぼ毎日、見てくださっているそうです。嬉しいことです。

先日、嘉門さんのライブのゲストに呼んでいただく機会があったので、楽屋でストレートに聞いてみました。「なんで、そんなに見てくれているんですか?」と。

すると、嘉門さんはこんなふうに答えてくださいました。

「だって、ほかの番組の司会者はある意味、みんな『成功者』ばかりでしょ? 世間の人から見たら、ちょっと偉い人がやっている番組に感じちゃう。実際にはいい人だろうと、控えめな人だろうと、『偉い人』というフィルターがかかるから、どうしても上から目線でコメントしているように聞こえてしまう。その点、石井くんはしがないサラリーマン。しかも、まだ若い。だから、上から目線を感じなくていいから、見ていて気持ちいい。なんなら、**視聴者のほうが上から目線で番組を見られる**。大変そうだけど、がんばっているなぁ～、と」

よくよく聞くと、まったく褒められてはいないんですけど(笑)、なるほど、これは非常に貴重なご意見でした。

たしかに視聴者の皆さんが「上から目線」になれる番組、というのは、この時間帯の生放送では、今までなかったかもしれません。司会者がボクみたいな無名の若造だと、それはマイナスポイントにしかならないと思っていたんですけど、逆にフラットに受け入れられる素地でもあったのか、と目からウロコでした。

年配の視聴者の方からすれば、本当に頼りない孫のように映っているかもしれませんし、嘉門さんのように「誰かわからんけど、かわいいやっちゃな」と気にかけていただければ、本当にありがたい話です。

そんなボクが看板商品ではないからこそ、番組の構成も思い切ったことができます。オープニングでスタジオが映らず、いきなり注目の記者会見の映像から番組が始まる。しかも、ほぼノーカットの勢いでたっぷりとお見せして、番組がスタートしてから30分ぐらい経ってから、ようやくボクが「こんにちは」と出てくる。ビッグネームの方が司会を担当されている番組の場合、なかなか、ここまで思い切ったことはできないと思います。司会者の方がひとつの大きなウリになっているんですから。その縛りがない分、『ゴゴスマ』は自由度が高く、オープニングからひとつのネタをこれでもか、と深掘りしやすくなっているはずです。

いっさい肩のこらない番組かもしれません!

テレビなのに「ラジオみたいな」と言ってみたり、地デジ放送なのに「アナログ感」をアピールしたり、いったい『ゴゴスマ』はどんな番組なんだ? という話になりますけど、本当に〝そんな番組〟なんです。流れ流れて、たどり着いたのがこの形。それがいちばんしっくりくるんですから、時には流浪の旅も悪くないもんですね。

もっと突き詰めて言うと、**『ゴゴスマ』は「トークを楽しむ情報番組」みたいなものだと、ボクは思っています**。予算の都合上、独自取材した映像はそんなに多くは用意できません。でも、いろんなところから集めてきた最新情報が、もちろん裏とりなんかはしているんですが、巨大ボードに全部詰まっている。その情報について、コメンテーターの皆さんが足で稼いできた「ここだけの話」をたっぷりと披露してくださる。もうね、トークの時間だけは、どの番組よりもありますから、心ゆくまでしゃべっていただく。予算や人手不足を武器にして、ボクたちは「深み」と「独自性」を出していくしかありませんからね。

本当は個性豊かなコメンテーターの皆さんをひとりずつご紹介したかったんですけ

ど、それだけで一冊の本になってしまうので、それはまたの機会に、ということで。

さて、結論。本当になんのこっちゃ、という表現になりますけど、『ゴゴスマ』という番組は**「肩のこらない情報番組」**と思っていただいて結構です。本当に気軽に楽しんでいただける番組として、末永く愛していただければ嬉しいです。

ありがたいことに2018年4月からは新潟放送さん、静岡放送さんにもネットされ、放送エリアが全国7局に拡大しました！　たったの7局と思われる方もいらっしゃるかもしれませんけど、1都15県で視聴可能となったので、人口ベースで考えると約6500万人、つまり日本の半分の方にご覧いただける状況が整いました。

東海3県のみのローカル番組としてスタートし、東京でも放送されたと思ったら、視聴率が1％を割ってしまい、打ち切り必至と思われた番組が、こんなにもたくさんの方に見ていただけるようになったことは、もうひたすら感謝しかありません。

放送局が増えたことで、中継などの機動力もアップするでしょうし、これまでの手作り感はしっかりと残しつつ、より良い番組にしていけたらなぁ、と考えています。

さて、次の章では私、石井亮次について、いろいろと書かせていただこうと思います。いまだに「誰だ、こいつ？」と思っていらっしゃる方も多いでしょうから、まずは生い立ちから。

コラム
石井アナの素顔大公開

古《ふる》川《かわ》 枝《え》里《り》子《こ》

CBCテレビ アナウンサー

『ゴゴスマ』アシスタントの後輩アナが石井アナの「素顔」教えちゃいます！

石井さんの中には「おばちゃん」が住んでいる！

石井さんは先輩としてはすごい明るくて話しやすい方で、本当にお茶の間の皆さんのイメージどおりなんですよね。その反面、結構、厳しい部分もあって。アナウンス部はみんなそれぞれにデスクがあって、そこで仕事をしたり、休憩もしてたりっていう感じなんですけど、ある時、私は耳にイヤホンを入れて、次の仕事に関連した映像資料を見ていたんですね。そこに先輩が「おはよう」って入ってこられた時に、私は画面から目を離さずに「おはようございます」って答えたんです。そうしたら、石井さんが「ちょっとちょっと」って。「あのな、あかんわ、あれは。アナウンサーはまず言葉が命なんだよ。挨拶ひとつとっても、その挨拶にちゃんと意味合いや気持ちがこもってなかったら、アナウンサーの発する言葉っていうのは全部『無』になってしまう。仕事で映像を見ていたのはわかるけど、あれはあかんで」って。

古川 枝里子　―ふるかわ えりこ―
1984年、埼玉県生まれ。2007年にCBC入社。情報番組や、報道番組、CBCラジオ『多田しげおの気分爽快！！朝からP・O・N』などに出演。『ゴゴスマ』では番組開始からアシスタントとして活躍。産休を経て、2017年8月より番組に復帰し、現在は月・火・木曜日のアシスタントを担当している。

それもほかのアナウンス部の人たちに石井が古川を注意している、ということをなるべく見せないように、部屋の隅に呼んで、パパパッと短い時間でしゃべって、サッと自分のデスクに戻られる。配慮もそうですし、本当に的を射たお話で、怒られた側も納得の叱り方でした。

石井さんにはちょっと女性的な目線もあると思うんですよね。立ち居振る舞いに厳しかったり、金銭感覚がシビアだったり、〝ここだけの話……〟が好きだったり。**6割ぐらい石井さんの中にはおばちゃんが住んでいる、と私は思っています（笑）**。その絶妙な配合が、視聴者の皆さんから愛される理由なのかなと思います。

普段の服装にはビックリするほど無頓着！「石井を私服でテレビに出すな」と（笑）

石井さんって基本、まったく偉ぶらないので、スタッフも石井さんを崇拝したり、奉ったりはしないんですよ。当日のオンエアの内容を打ち合わせしてる時に、石井さんが関西人特有のギャグだったり下ネタだったり、とにかく笑いの要素をツッコんでくるんですけど、みんな、まったく気を遣わず、笑わずにスルーしてます。愛想笑い一切なし！

でも、ただでは転ばないんですね。そのみんなが相手にしてくれない自分、という部分をイジって、また果敢に笑いを作ろうと攻めてくる。そうなるとみんな「笑ったら負けだ！」って（笑）。

あと、あのぉ、**服装に関してはビック**

リするぐらい無頓着なんですよ。毎日、ほとんど変わり映えしないというか、靴とかジーパンなんか「1週間ぐらい、替えてないいんじゃないの？」と思うぐらいです。後輩の私がこんなことを言うのもなんなんですけど、**石井さんの私服は本当にダサいです（笑）！**

いつもジーパンによれよれのシャツで、なぜかよれよれのカバンを持っている。もう、ちぎれちゃうんじゃないですか？というぐらいのバッグですよ⁉ 洋服もたぶん2、3シーズンを超えて、擦り切れてきたら、ようやく買い替えるペースなんですけど、**なぜか同じような服をまた買ってくるんですよ。**同じようなTシャツを5着ぐらい買ってきて、それを月曜から金曜まで振り分ける、みたいな。

私たち、地方局のアナウンサーって、ロケの時は基本、私服なんですよね。でも、石井さんだけはCBCの特別ルールでロケの時にも衣装がつくんです。**「あの私服のままテレビに出すことはできない！」って（笑）。**『ゴゴスマ』ではパリッとしたスーツを着ているんですけど、それでも一度、放送中にチャックが全開になっていたことがあって。厳しい表情で国政をバッサリ斬って、したり顔をしていたんですけど、CMに入った瞬間に大久保佳代子さんが「ねぇねぇ、さっきから開いてるよ」と（笑）。これが石井さんの「素顔」です！

私の妊娠をおもんぱかって「夏休みはいらない」と伝えてくれた男気

ずっと『ゴゴスマ』を一緒にやらせていただいている中で、一生、忘れないだろうな、というエピソードがひとつあります。

私は2016年の夏に妊娠がわかりまして、これはまず番組のパートナーである石井さんに報告しなくちゃいけないな、と。いずれは産休に入ることになるわけで、早めにお伝えしたほうがいいな、と思ったんです。

それで石井さんのところに行って「あの、妊娠しました」と話したら、石井さんはすぐに「おめでとう!」と言ってくださったんですけど、次の瞬間「じゃあ、ボク、夏休みいらんわ」と。たしか、あと2週間ぐらいで夏休みだったんですよ、石井さん。日々、生放送でものすごい緊張感の中にいるので、一年に一度の貴重な夏休みなんです。

そんな石井さんが「夏休みを返上する」って言うんです。もうご家族と旅行することも知っていたし、場所まで聞いていたんですよ。だから、本当に申し訳なくて「大丈夫です、大丈夫です!」と固辞したんですけど、そう言いながら、自分の「大丈夫です」がものすごく無責任な言葉だって気づいちゃったんですね。初めての妊娠で、いつ何があるかわからない。石井さんはそれをよくわかっていて「ボクが夏休みを取ったら、あなたがいろいろやらなくちゃいけなくなる。気持ち的にも緊張するだろうし、体だってしんどくなる。だから、今年は夏休みいらんわ」と。

私の「妊娠しました」のひとことで、瞬時にパパパッとそこまで計算して、ご家族にも相談せずに、その場で「夏休みはいらない」と伝えてくれた男気を、一生、忘れないと思います。

私たちに共通しているもの
それは〝地方局魂〟です！

あんまり褒めてばかりじゃいけないんでしょうけど、アナウンサーとして、石井さんは本当にスゴいと思うんですよ。地方局は人手が足りないので、いろんなジャンルに挑戦できるメリットがあると言われますが、生放送でも、収録モノでも、ロケ番組でも、すべて「オール5」を取れるアナウンサーって、なかなかいない。石井さんはそれができちゃうんです。オールマイティーなんですよね。

実は、ナレーションも評価が高くて「絶対に噛まない」って決めている。そして実際に噛まないです。

ラジオのフリートークは水を得た魚のよう。「なんでもやりまっせ！」なアナウンサーです。

私は『ゴゴスマ』では出演者というよりも、まずは石井さんのサポート、そしてタレントさんのサポート、さらにスタッフのアシストをしようと心がけています。石井さんはスタジオから動けませんから、その分、私が時にはマイクを切って、放送を離れてでも動かなくちゃいけないな、と。

「なんでもやります！」という〝地方局魂〟が、石井さん、私、そしてゴゴスマの根本にあるんだと思います。名古屋発信の貴重な番組なので、〝地方局魂〟でがんばっていきましょう！

第 2 章

生粋の大阪生まれ、大阪育ち

「しゃべり」と「お笑い」と「ラジオ」が友達ゼロの根暗少年を救ってくれた

実はわたくし、大阪生まれの大阪育ちです

実はわたくし、大阪府東大阪市で生まれ、スクスクと育ちました。

名古屋のテレビ局・ＣＢＣのアナウンサーをやっていて、極力、関西弁を使わないようにしているためか、すっかり「名古屋の人」と思われているようですが、就職して名古屋にやってくるまでは、まったく大阪から出なかった、生粋の関西人です。

「キャラクターを出すために、番組でも関西弁を使えばいいのに」とアドバイスしてくださる方もいらっしゃるんですが、とにかく『ゴゴスマ』では、関西弁を出さないように、とかなり意識しています。

というのも、ボクの声って宮根誠司さんに似ているんですね。しゃべり方も似ているから、関西弁を使ってしまうと、完全に宮根さんのコピーみたいになってしまう。だから、ボクが関西弁を使うと、自動的にただでさえ強敵の裏番組の告知をしているかのように聞こえてしまうんですね。これはアカンやろ、と。

声質に関しては、マネしているとかではなく、そもそもが似ているんでしょうね。自分自身ではよくわからないんですけど、いろんな方からそう言われます。

ただ、**しゃべり方が似ている、という指摘に関しては、完全に宮根さんの番組を見すぎて、染みついちゃったんだと思います**。

ボクは勉強のため、自宅にはすべてのテレビ番組を録画できるよう、レコーダーが2台、置いてあります。『ゴゴスマ』が悪戦苦闘していた時代、毎日毎日、録画しておいた『ミヤネ屋』を繰り返し再生して、見まくっていました。勉強するうちに、いつしか〝完コピ〟したんでしょうか。

すいません。いきなり話が脱線してしまいましたね。生い立ちのしょっぱなから脱線してしまうぐらいなので、ここから先も話があっちに行ったり、こっちに行ったりするかと思いますけども、ご容赦ください。

さて、話をボクの生い立ちに戻しましょう。

ボクの出身地は東大阪市ですが、5歳の頃、石切《いしきり》というところに引っ越しました。「いしきりさん」と呼ばれ、パワースポットとしても有名な石切劔箭《つるぎや》神社のある地域ですが、本当に小さな街です。

それなのに、結構な偉人を輩出しているんですよね。最近ではノーベル賞の山中伸弥教授、そして囲碁で七冠を獲得した井山裕太さん。文科系の人だけでなく、メダリストまで生んでいたりして、あんなに小さな街から、どうしてこんなに？　と、地元民のボクでも驚いてしまいます。さらに『ゴゴスマ』の石井亮次アナウンサーも……って、自分のことでしたね。失礼しました。

さて幼い頃は、自分で言うのもなんですけど、ひたすら暗い子どもでした。なんだったんでしょうね、基本的には根暗なんですよ。当時の自分を表すかのような、幼稚園時代のよく覚えている残念エピソードがあります。

家から幼稚園まで歩いて15分ぐらいかかるんですけど、その道すがら、お地蔵さんが鎮座《ちんざ》している。ボクは毎日、**そのお地蔵さんの前で立ち止まり「どうかお友達ができますように」とお願いしていました**。

まぁ、そんな言動自体が根暗中の根暗で、だから友達もできなかったんでしょうね。オーバーでもなんでもなく、ひとりも友達がいなかったんです。

そんな性格は急に変わることもなく、小学校に上がってもまったく友達ができなかった。1年生の時は、「まだ入学したばかりだから」と自分に言い聞かせていましたけど、2年生になってもまだ友達ができない。3年生になったら、もうすぐ小学校生活も折り返しに差しかかろうとしているのに、まったく友達がいないことにそろそろ焦り出すわけです。

ちなみに、ボクが小学3年生の時というのは、昭和60年。そうです、阪神タイガースが日本一になって、大阪中が大フィーバー状態で沸いたあの年のこと。当然、少年時代のボクもタイガースに夢中になっていました。

ただ、ここも変わり者というか、なんというか、テレビでタイガースの試合中継を見ているのに**「実況はラジオのほうが、ものすごく臨場感があっていいな」**というマニアックな思考に走り出して、家のテレビでタイガース中継を見ながら、音声はオフにする。そして、同時にラジオをつけて、そっちの実況を楽しんでいました。

今は地デジになったことで、テレビとラジオでは、ほんの少しタイムラグが生じてしまうので、この楽しみ方はもうできないんですけど、昭和ならではのアナログでマニアックな行為でしたね。

そして、ボクはバース、掛布、岡田に憧れるのではなく「この試合をしゃべっているおっちゃん、カッコいい！」としゃべり手に興味を持つようになります。

ラジオのタイガース戦の実況がボクの人生を大きく動かしていくとは、この時は想像もしていませんでした。

しゃべくりの一芸が「根暗少年」を救う！

ラジオの実況を聴いて、アナウンサーのしゃべりに「このおっちゃん、職人やな！」と感銘を受けたボクは、この頃からうっすらとアナウンサーに憧れを持ち始めました。もちろん、子どもであっても簡単になれるものだとは思っていなかったので、真剣に目指すようになるのは、かなりあとになってからの話になります。

それでも、毎日、聴いているので実況が完全に耳に残り、体に染みついてくる。いつしか、自分でも実況のマネができるようになってきました。ただ悲しいかな、友達がいないから、誰かに披露することもできなかったし、自分でも、それが特技だという認識はまったくありませんでした。

そんなある日のこと。休み時間にクラスの人気者が笑いを取っているのをボーッと眺めながら、ふと思ってしまったんです。

「ひょっとしたら、ボクのラジオ実況もいけるんちゃうん⁉︎」

ひょんなことから、クラスメイトの前でボクは「タイガース戦の実況中継のものまね」を初めて披露することになったんです。

ちなみに、ボクには一度聞いたら、しゃべりを「耳コピ」できてしまう、という不思議な特殊能力があります（笑）。

先日も妻と一緒に歌舞伎を鑑賞してきたんですが、家に帰ってきてから「さっきの口上、こんな感じだったかな」と再現してみると、妻から「あんた、天才やで！」と褒められました。結婚してから初めてですよ、「天才」なんて言われたのは。たぶん最後でしょうね（笑）。もちろん、専門的な知識があるわけではないので、一言一句、完全にマネているわけではなく、ふんわりとした雰囲気を再現するだけ。音楽でいうところの絶対音感みたいなものでしょうか。

おそらく、小3の時も「完コピ」を意識してモノマネをしていたわけではなく、毎日聴いているラジオの実況中継をざっくり再現しただけと思うんですよ。「槙原、投げました。掛布、打った！　またバックスクリーン！」みたいな感じで。

ただね、**それが教室でものすごくウケたんです！**

よくよく考えたら、クラスメイトはほぼ全員、タイガースファンみたいなもので、ある意味「鉄板ネタ」だったんですが、その日を境に、これまで何年間もまったく友達ができなかったボクが「なんだよ、石井くんって面白いじゃないか！」と急に現れたスターのような扱いを受けて、一躍、人気者になれたのです。

NGKの舞台上で学んだお笑いの凄味

しゃべりやモノマネのおかげで根暗な日々からは卒業できたボクですが、人気があったのは男の子のあいだだけで、女の子にはまったくモテませんでした。

同じ学年にほかの「石井くん」がいると、いつも「カッコいいほうの石井くん、カッコよくないほうの石井くん」みたいな区分けをされて、ボクは常に後者のほうでしたから（涙）。あぁ、せつない。

そんなこんなで子どもの頃は、常にどこかにコンプレックスを抱えながら生きてきたようなものです。

ただ「人を笑わせる」という喜びは、確実にボクを変えました。

もし、学校の人気者としてチヤホヤされただけだったら、きっとボクは勘違いしたまま生きてきてしまったかもしれません。

「お笑いなんて簡単じゃないか」

そうなっていたら、絶対に今の自分は存在していないでしょう。

今、番組でたくさんのお笑い芸人の皆さんとご一緒させていただいていますが、**基**

本的にボクの根っこの部分には、芸人さんに対するリスペクトがあります。だから、自然と芸人さんたちと良い関係性が築けているのかもしれませんし、『ゴゴスマ』のようなフリートークが軸となる番組でも、皆さんに助けていただけるんじゃないか、と。

そのリスペクトが固まった瞬間を、ボクは明確に覚えています。中学1年の時、ボクは父親に連れられてNGK（なんばグランド花月）に初めて行きました。

衝撃的でした。

NGKは吉本の劇場なんですが、漫才や落語や新喜劇だけでなく、ジャグリングのようなショーもあって。テレビで味わってきた演芸とはまた違ったお笑いの凄味や、ライブならではの面白さにすっかり夢中になってしまい、いつしか「俺、ひとりでNGKに行ってくるわ！」と、月に一回は劇場に通う常連になってしまいました。

決して入場料は安くないので、中学生が毎月通うにはちょっとハードルが高かったんですけど、チケットショップで「株主優待券」を買うと、当時は1000円ぐらいで入れたんです。

石切から難波まで、電車でたった30分。乗り換えすら必要なかったので、お金も時間も手間もかからない。中学生のボクにとって、あんなに夢みたいな場所はありませんでした。おそらく、現在では全席指定になっていると思うんですが、当時はまだまだユルい時代でした。映画館でもそうでしたけど、劇場の中に残っていれば、次の回もそのまんま観ることができたんですね（もう時効ってことでご勘弁ください！）。

だから、最初の回はうしろのほうで観て、幕が下りてお客さんが帰り始める隙にサーッと前のほうへと走っていって、次の回では最前列のど真ん中で鑑賞する。

観る席が変わるだけで、観え方が全然、違ってくる。

出てくる芸人さんはほとんど同じなんですけど、まるっきり同じネタを披露する芸人さんもいれば、客層を見て判断するのか、まったく違うネタをかける芸人さんもいる。一日中、劇場の中にいることで、いろんなことが見えてくる。この「現場体験」は、自分にとても大きな影響を与えてくれました。

最前列で観ていると、芸人さんとも目が合います。

ある日、芸人さんに「お兄ちゃん、ちょっとステージに上がっておいで」と声をかけられました。当時、トランポリンを使ったネタをやっている芸人さんがいて、お客さんにトランポリンを体験させて、それを笑いに変えるのが定番だったんですね。

あのＮＧＫのステージに立っている！

もう、それだけでワクワクが止まらないのに、芸人さんのネタに参加させてもらえるんですから、こんなに嬉しいことはない。そんなボクをトランポリンに乗せた瞬間、芸人さんはほかのお客さんには届かない小さな声でこう囁《ささや》いたんです。

「お兄ちゃん、一回目は飛ばんでええからな」

つまり、まずはわざと失敗しろ、というわけですね。

「ほな、行くで。飛べよ。くるっと回るぞ、1、2、3!」

ボクは囁かれた通りに飛びません。

「飛ばんかいや!」

そういってドツかれるボク。

その瞬間、超満員のNGKがドカーンと沸く。

もうね、全身がゾワッとしました。

これだけたくさんの人に笑われる快感というよりも、**「そうか、こうやってお笑いって作られるのか!」というメカニズムを知ったことに対する興奮です。**

2回目の時には耳元で「今度はちゃんと回って!」と言われたので、普通に回りました。本当だったら、上手くいって拍手喝采で終わるんでしょうけど、回った瞬間にズボンのポケットに入っていた小銭がバラバラっと落ちた。そのハプニングも、ちゃんと芸人さんは拾ってくれて、しっかりと笑いに変える。

NGKの舞台の上で大爆笑に包まれながら、中学生だったボクは「ウケるって、こんなに気持ちがいいんだ！」と酔いしれつつも**「お笑いって、ここまで計算ずくでつくらなあかんのや」**ということに大きな衝撃を受けました。

ボクらが学校の休み時間に笑いを取っているのとはワケが違う。教室という舞台では、もう友達が笑う準備をしていて、「あれをやって」とボクにリクエストをしてくるわけで、それはウケて当然なんです。そのことに気づかないで「俺ってめちゃくちゃ面白いな」と勘違いしてしまっていたら、ボクの人生はどこに着地していたことやら。

あの時、耳元で囁いてくれて、お笑いのメカニズムをボクに教えてくれた芸人さんには感謝しかありません。ボクの心中では、勝手に〝師匠〟になっています。**隼《はやぶさ》ジュン&ダンさん、本当にありがとうございます！**

今、巡り巡って、ありがたいことに毎日、テレビに出させていただいています。面白いことをたまに言うと、ドッと受けたりもしますけど、それは本当にボクが面白いからじゃないんですよね。

アナウンサーという堅い職業の人間が、バカみたいなことをやることのギャップが面白いから笑ってもらえているだけで。めちゃくちゃハードルを下げてもらっているから、ちょっとしたことでもウケるんです。

ある意味、小学校時代の教室と一緒。だから笑いを取れるたびに、内心「あぁ、ボクってズルい」と思っています。

一方、芸人さんたちはお笑いのプロです。

その中でもテレビでレギュラー番組を持っているような方たちは、もう芸人界のピラミッドの頂点に限りなく近い人たちで、そこまで実力で勝ち上がってきたんですよね。アナウンサーというのは、入社試験さえ通ってしまえば、番組の中では芸人さんと同じフィールドに立ててしまう。ね、こズルいでしょ？

ボクが番組で芸人さんと共演しているということは、野球で例えると草野球をやっているサラリーマンが、メジャーリーガーと一緒にプレイしているようなもので、本当だったら絶対にありえない、ということを肝に銘じなくてはいけません。

ボクもアナウンサーになって18年の月日が経ちました。

ようやく少年野球から高校球児ぐらいにはなれたかなぁ、とは思っていますけど、それでもメジャーリーガーとは雲泥の差です。

番組で共演している芸人さんたちが、まったく壁を作らずに接してくれたり、番組中でもボクのくだらないひとことを拾ってくれたりして、しっかりとオチをつけてくださるのも、ボクの芸人さんに対するリスペクトが伝わっているからかな、と勝手に思ったりしている今日この頃です。

ますだおかださんとの「初共演」＆「運命のひとこと」

野球中継を聴いていたことから、幼い頃からラジオには親しみがありました。そもそも実家がガソリンスタンドを営んでいたので、そこでは朝から一日中、ラジオ番組が流れている……同世代の子どもと比べて、ラジオに接する機会は多かったんだと思います。

最初に意識して聴き始めたのは、ラジオ大阪で放送されていた『ＯＢＣブンブンリクエスト』という番組。まだ中学生ぐらいだったと思いますけど、ラジオのダイヤルをひねって、自分で面白そうな番組を探す楽しみも、その頃に覚えました。

高校生になると、もう『ＭＢＳヤングタウン』一色。

これは関西の高校生、特にお笑い好きなら、必ず通る道だと思います。東京では放送されていなかったんですけど、関西の同世代のお笑い好きなら『ヤンタン』ネタが共通言語になるぐらい、本当にみんな聴いてたお化け番組でした。

ボクは特にますだおかださんが大好きで、毎週聴いていたんですが、本当にただ純粋に聴いて楽しむだけで、いわゆるハガキ職人的な方向には進まなかったんですね。

それがある週、番組内でこんな告知がありました。

「手屁《ておなら》コンテストをやります！」

なんのこっちゃと思うでしょうけど、手に口をつけてオナラの音マネを子どもの頃によくしたじゃないですか？　あれをいかに長時間できるのか？　というコンテストをやりますという話。これってラジオだからこそ成立する企画ですよね（笑）。

すぐに軽い気持ちで応募しました。ハガキを出すのではなく、電話一本でエントリーできるので、気軽に応募できたし、まず当選することはないだろう、という勝手な思い込みもありました。

すると、放送開始から1時間ほど経った頃、家の電話が鳴りました。

「あっ、石井くんのお宅ですか？　あなたが当選したので、これから番組に出てください！」

えっ？　俺、これからラジオに出るの⁉

しかも、あのますだおかださんとしゃべれるってこと？

1時間前、なんの気なしにかけた電話が、とんでもない展開を生んでいることに、正直、震えが止まりませんでした。

「今からスタジオとつなぎますから、呼びかけられるまで黙っててくださいね」

スタッフさんからそう指示されたので、ジーッと黙って待っていると、電話の向こうからラジオの音が聴こえてくる。声は出しませんでしたけど、もう心の中では「うおーっ、我が家とラジオがつながったーっ！」と大興奮です。

あり得ないことが、今、起きている。

しかも、電話口には、あのますだおかださんがいる。

そんな状況で、屁の音なんて長く出せるはずもなく、肝心のコンテストはまったく結果を残せなかったんですけど、増田さんから「石井くん、どうだった？」と感想を求められるわけです。

そんなもん、どうもこうもないですよ（笑）。わけのわからんうちにラジオ局から電話がかかってきて、わけのわからんままラジオに出て、本当に何がなんだかわからないまま終わっていたんですから。

これはなんと答えるのが正解なのか？　本当はじっくり考えて、面白いことを言いたいけれど、生放送だから、そんな時間はまったくない。

咄嗟に出た言葉が「なんかしょっぱかったですね」。

緊張と興奮で手に汗をかいていたので、そこに口をつけたら、たしかにしょっぱかったんですね。それをもうストレートに答えただけで、なんの捻《ひね》りもない。せっかく増田さんと電話で会話できているのに、これはないわ、と自分では思っていました。

ところが増田さんのリアクションは意外なものでした。

「石井くん！　お前、おもろいやん‼」

電話の向こうでは、ますだおかだのおふたりが大笑いして、バカウケしてくれているのがわかりました。

「えっ、あっ、そうか。ボクって面白いんだ！」

増田さんのひとことで、ボクの人生は変わりました。

面白い、と言ってもらえたことで、こうやって人前に立つような仕事を目指すようになったんですから！

そして、時を経て、同じ番組のレギュラーとして毎週、共演させていただけているというのは、運命の巡り合わせというか、もう奇跡としか言いようがないですね。

人生を変えた、といえば、あまり結婚願望がなかったボクが「あぁ、結婚っていいな。ボクも結婚したいな」と思ったのが、岡田さんがテレビ番組でご家族の写真を披露した時だったんです。その直後に今の妻と出会うわけで、岡田さんがいなかったら、ボクは妻と結婚できていなかったと思います。**本当にボクの人生の節目節目には、いつも「ますだおかだ」という存在があったんです。**

「金持ちのぼんぼん」に生まれて

そういえば番組や自分のことばかり熱く書いてしまって、まだ家族のことをなんにも書いていませんでしたね。

ボクの父親はガソリンスタンドを経営していました。

父親は2代目で、ボクのおじいちゃんが創業者。まだガソリンスタンドなんてなかった時代から、一升瓶に油を入れて売るような商売をしていたそうで、そこにモータリゼーションブームが到来して、わーっと儲かった、と。

それを父親が受け継いで、ボクが子どもの頃には東大阪になんと4軒もガソリンスタンドを経営していました。

あんまり生活していく上で実感はなかったですけど、まぁ、いわゆる「金持ちのぼんぼん」だったんでしょうね、周りから見たら。

実際、父親もセルシオに乗っていました。忘れもしない、平成元年に出た初代のセルシオで、ボディーが濃い緑。家にはベンツのエンブレムも残っていましたから、それなりに裕福な家庭だったんでしょう。

その恩恵といっていいんでしょうか、ボクは同志社大学を卒業しているんですけど、実は中学からエスカレーター方式で大学まで進学しているんですね。

つまり、受験をするのは中学の時だけで、高校受験も大学受験も経験していないんです。本当は教育だけはちゃんと受けさせたい、という両親の考え方によるものだったと思うんですけど、ボクたちには「受験勉強は大変やで。今のうちにここに入っておけば、のちのち楽やから」と言ってました。

後から聞いた話ですけど、父親は近畿大学在学中にイギリスに留学していて、そのまま商社マンになるつもりだったらしいんです。ところがその途中でおじいちゃんが倒れてしまい、急きょ、日本に呼び戻されてガソリンスタンドを継ぐことになったそうです。そういう経緯があるから、ボクたちには自由に人生を選択できる余地を残してくれたのかもしれませんね。兄も弟も同じルートで進学していますから。

当時、中学受験はまだ珍しくて、クラスでも3〜4人しかいませんでした。たしかにのちのち楽だけども、ずっと私立に進学していくわけで、お金も結構かかる。だから、本当にそこは親に感謝しなくちゃいけないし、のちにバブルが崩壊して、4軒あったガソリンスタンドが1軒だけになってしまったので、学費を払うのも大変だったんじゃないかな、と思います。

大変といえば、ちゃんと高校や大学の受験勉強をしてこなかったことで、ボクはのちに大変な苦労をすることになります。

正直に言えば、いまだに苦労していますよ。『ゴゴスマ』で取り扱うニュースでも、普通の司会者なら、当たり前のように知っていることでも「えっ、これってなんですか」ということがちょくちょくありまして……世間知らずとはまた違うんでしょうけど、どこか一般教養が欠落してしまっている部分があるんです。

せっかく父親がしっかりした教育環境を提供してくれたんだから、それに甘えずにしっかり勉強しておけばよかったですね、本当に。

ただ、「金持ちのぼんぼん」だった感覚がないのは、**父親が一生懸命に働いている姿を目の当たりにしていたからだと思います**。

朝6時に起きて、6時半には家を出る。

そして7時きっかりに店を開ける。

当時はまだ週休2日制じゃなかったですから、それを月曜から土曜まで毎日続ける。

さらにボクは中学生の頃から、ガソリンスタンドの手伝いをさせられていたので、至近距離で父親の仕事ぶりを見ることも多かった。

本当はボクにガソリンスタンドを継いでもらいたかったと思うんですよ。

1歳上の兄はまったく継ぐつもりがなかったし、弟はなんと10歳も下だったから、ボクが大学を卒業するタイミングで、まだ小学生です。そう考えるとボクしかいなかったし、早い段階から店を手伝わせていたのも、そういう考えがあってのことだったのかもしれません。

「親の背中を見て、子は育つ」とよく言います。

実際、**ボクはあの時の父親の背中を追いかけているような気がするんですよね**。

毎朝8時から『ゴゴスマ』の会議が始まるんですが、ボクは7時10分には出社するようにしています。そのためには朝6時20分には起きて、6時40分には家を出なくてはいけません。

少しだけ時間はズレていますけど、あの頃の父親の生活をまるでなぞっているような毎日を送っています。

ガソリンスタンドは継げなかったけれど、やっぱり父親のこと、好きだったんかなぁ、と思うことが増えました。

今、自分が懸命に向き合っていることを、自分の子どもたちにも、少しでも背中で伝えることができたらいいな、とも考えています。

ガソリンスタンドの手伝いで学んだこと

本当は大学3年までは、実家のガソリンスタンドを継ぐつもりでいました。

小学生の時から、うっすらとアナウンサーへの憧れはあったけれども、アナウンサーになるためには、ものすごく厳しい条件があるんだろうな、と勝手に思い込んでいたんですよね。

大学受験なみの難しいペーパーテストがあるんじゃないか、とか、英語がペラペラじゃないとダメなんじゃないか、とか。そんなこと、ちょっと調べればわかることなんですけど、高校受験も大学受験も免除された生き方をしてきたからか「試験」と名のつくものに対するハードルを自分の中でめちゃめちゃ高くしていた部分はあります。

ガソリンスタンドの手伝いは中3の終わり頃からしていました。高校受験をする必要がないんだから、その時間をこっちに使え、ということなんでしょうね。

しんどかったですけど、この時の経験は、ものすごくためになりました。

ほかの業種ではなかなかないと思うんですけど、ガソリンスタンドには、本当にいろんなお客さまがいらっしゃるんですね。

飲食店とかだったら、お金持ちの人だけが集まるような高級店があったりしますけど「高級ガソリンスタンド」なんてものは存在しません。逆に激安店もありませんから、ベンツに乗っているセレブから、ヤンキーのお兄ちゃんまで、いろんな人がやってくる、非常に珍しい空間なんですよね。

そんな場所で中学生の時からお手伝いをする。

これはもう人とのコミュニケーションから、接客の仕方に至るまで社会勉強の場になったし、人間ウォッチングの貴重な場でもありました。

高級店も激安店もない、という話でいうと、どのガソリンスタンドに行っても、値段は1円~2円しか変わらないんですよね。それは昔から一緒だし、今だとネットでそのあたりの情報を集めて、シビアな店選びをしている方もいるみたいですけど、当時はそこまで情報収集の手段はありませんでした。

そうなると、**どこで差をつけるかといったら、もう「愛想」しかないんですよね。**

もっと言えば「人柄」ですかね。もちろん、立地条件も大事にはなってくるんですけど、満タンにすれば、結構なお金を払うことになるわけで、それだったらストレスなく、本当に気持ち良く作業してくれる店を選びたくなる。

そういうことも学べるのがガソリンスタンドでした。

中学生から手伝わせてくれた父親には、感謝の気持ちしかありません。

大学生になる頃には、もう自分が継ぐものだと思っていたし、勝手にアナウンサーにはなれないと決めつけていたので、まったく就職活動もしていませんでした。

ちなみに、ガソリンスタンドを営業するには免許がいるんです。「乙種第4類危険物取扱者」といって、営業時間中には、誰かひとり、この免許を持っている人間がいないといけないというルールがあります。

その資格も大学生の時に取りました。ガソリンスタンドを継がない限り、なんの意味もない資格だな、と思っていたんですけど、今や番組で過激な発言を連発する「要注意な危険物」的なコメンテーターの方々を取り扱わなくちゃいけないので、どこかで役に立っている……のかな(笑)？

とにかく、その資格を取ったことで、ボクがいれば店は営業できるようになった。だから土日は父親には休んでもらって、ボクが店長代理になって、高校生のバイト2人と一緒に普通に店を回していました。最後はお金の計算もして、レジを閉めて、はい、お疲れさん、と。

もう、誰がどう見ても「次期店長」でしたね。

よく父親から言われた言葉があります。

「なんでもかんでも、『ありがとうございます』『すいませんでした』と言うとけばええねん」

たしかに「ありがとう」と言われて、嫌な気持ちになる人はいないし、何かあっても「すいませんでした」と頭を下げれば、とりあえず事は収まるし、何よりも「すいません、と言うのはタダやから」という商売人としての哲学があったようです。

なるほどな、と思ったし、この時の父親の教えは、ボクのアナウンサー人生にも大きな学びを残してくれました。

ただ、自分の心の中に閉じ込めていたある想いが、再び目を覚ましたのです。**それはまさに「アナウンサーになりたい」という気持ちでした。**

ガソリンスタンドという仕事にも、父親にも誇りを持っていましたが、大学4年になった時、ボクはアナウンサーを目指す決意をするのです。

父への反発心から「同業他社」でバイト！

親子の関係って、ちょっと難しいところがありますよね？

特に父親と子どもの関係というのは、ひと昔前だったら、夕方に父親が仕事から帰ってきて、そこから寝るまでの数時間しかないですけど、実は息子からしてみたら、それが適正な距離感だったりもするんですよ。

ただボクの場合、それに加えて、ガソリンスタンドで顔を合わせることになるので、ちょっと接触過多だったような気がします。

実は高校生の時、父親とケンカをして、しばらく口をきかない期間もありました。理由はホンマにくだらないことで、父親の布団の上でゴローンと横になりながら、みかんを食べていて、皮をほったらかしにしてしまったんですね。

きっと、ほかにも細かい理由はあったんだと思います。普段のボクの生活態度とかにカリカリしていて、たまたま「みかん事件」で怒りが沸点に達してしまったんでしょうね。今まで怒られたことなんてなかったのに、もうバシバシ叩かれて。完全に父親は激怒していました。

でもね、そんなもん、ボクとしては納得がいかないわけです。

みかんの皮をほったらかしにしていたことはたしかに悪い。でも、それぐらいだったら「お前、アホか！」のひとことで済むはずなのに、なんでボコボコに叩かれなくてはいけないのか？

ちょうどボクも思春期だったもので、父親に対して反抗的になってしまい、それから約2年間、ひとことも口をききませんでした。もう、ガンコなまでにダンマリを決め込んだわけです。

今になって思えば、本当に子どもじみた行為ですけど、それに折れることなく、2年間、口を開こうとしなかった父親も、たいがいガンコですよね（笑）。あぁ、親子って似るもんなんだな、としみじみ思います。

そんな関係でも、接する時間が限られた家ではなんとかなりますけど、さすがに仕事となると、お互いに口を開かないことには成立しません。

何よりも気まずくて、同じ職場に立っていられない。だから、ガソリンスタンドの手伝いをボクは2年ぐらいボイコットしていました。

それだけならまだいいとして、よっぽど怒られたことが腹に据えかねたんでしょうね。父親に対して、ちょっとした「嫌がらせ」を始めました。

それは、近所にある別のガソリンスタンドでアルバイトをする、というあり得ない行為でした。

いくらなんでも、この選択肢はないですよね。いずれ店を継ぐはずの息子が、修業をするわけでもなく、ただただ嫌がらせのためだけに、近くの同業他社で働き出す。「これだけはやったらアカン」というやつです。

変な話、父親から学んだビジネステクニック（まぁ、そこまで言うほどの秘訣や秘密もないですけど……）が他店に流出するかもしれないし、みかんの皮をほったらかしにするよりも、よっぽど激しく叱責されなくちゃいけないような案件です。

完全なる当てつけでしたけど、どこかでボクは父親に「お前、ふざけたことをやってるんじゃない！」と怒鳴られるのを待っていたのかもしれません。そうでもしないと意地を張り合った父と息子は、永遠に口を開くことがないですから。

ところが、それを知っても父親は何も言いませんでした。

そのまま、口をきかなくなってから、1年半が経過して、いつものように別のガソリンスタンドで洗車の作業をしていると、どこか見覚えのある車がサーッと入ってきました。

それは父親の車でした。

うわっ、となりましたよ。

「ついに殴り込みにきたんか！」と思いましたけど、そこは平静を装って、普通のお客さんに接するように黙々と作業しました。

でも、感じるんですよね、背中に父親の視線を。

1年半、まったく口を利いていない父親の車を黙々と拭いている息子。

その姿を黙って見つめている父親。

日本のガソリンスタンド史上、こんなにも緊張感が走る洗車作業、今までなかったんじゃないかと思います。

作業が終わると、父親は代金を払って、こう言いました。

「ありがとう」

それだけ言って、走り去っていく父親の車を見ながら、ボクは心の中で「参りました……」とつぶやいていました。

なんにも言わず、子どもの気持ちを考えて、1年半もじっくり待ってくれた父親。

完全に人として負けました。

これをきっかけに少しずつ父親としゃべるようになり、ボクは実家のガソリンスタンドへと戻ることになったんです。

母親が「嘘」を「本当」に変えてくれた

父親との思い出エピソードはいろいろありますけど、母親との関係は本当に良好で、これと言った揉め事はなかったですね。

ちょっと若づくりというか、ものすごく派手な緑色のジャンパーを着ていて、「買い物に行くから、あんたも一緒においで」と言われた時に「そんな派手な格好をしている人と一緒に出掛けるのは恥ずかしいから嫌や！」と拒絶したら、さすがにめちゃくちゃ怒られて、連れていってもらえなかったことを覚えているぐらいです。

ボクがまだ小学生の時だったから、その時の母親の年齢を逆算すると、今のボクよりも全然、若いんですよね。今、自分がどんな服装をしているか、と考えたら、たしかにひどいことを言っちゃったな、と。ボクもたいがい、服のセンスがないのに！

あ！　あと、忘れられない思い出が中学受験の時にありました。

大学までストレートで行けるように、と当時では珍しい中学受験をしたわけですが、実はボク、そんなに一生懸命、勉強をしていなかったので、本命の学校には落ちちゃっているんですよね。

その学校はレベルが高かったから、「まぁ、落ちてもしゃあないな」と思っていたんですけど、次に滑り止めのつもりで受けた学校まで落ちてしまいました。これはかなりショックが大きかったというか、その事実が恥ずかしくて仕方なかったボクは、友達に「受かった」と嘘をついちゃったんですよね。「残念だな。これで君たちと一緒に公立の中学には行けなくなったよ」と、ちょっとカッコまでつけちゃって。

これで残ったのは同志社香里《こおり》中学だけ。もし、ここも落ちてしまったら、ボクは公立の中学に進学するしかなくなるわけで、友達にカッコつけて嘘をついていたこともバレてしまう。それこそ、もう生き恥をかくようなもんですから「あぁ、俺の人生、これでもう終わりや」と小学生にして、絶望の淵に立たされてしまいました。

そのことを母親だけに話すと、見捨てることなく、そこから受験までの毎日、もう本当に寝る間も惜しんで、受験勉強に付き合ってくれました。付き合ってくれた、というよりもボクが眠さに負けそうになると「そんなんじゃゃ、本当に落ちるよ！」とずっとケツを叩き続けてくれたんです。

ボクがついた「嘘」を「本当」にしてくれたあの献身的追い込みがなかったら、ボクは中学受験に失敗して、大嘘つきになってしまうところでした。母親の強さと優しさには感謝、感謝です。

破天荒な兄貴が「あきんど」になった日

ボクは3人兄弟の次男坊として育ちました。

ひとつ上の兄とはいろいろありましたけど、弟は10歳も離れているから、あんまり思い出らしい思い出もありません。

ただ、それはボクに問題があったんでしょうね。兄貴と弟はスゴく仲が良くて、音楽の趣味も合うし、ファッションの話も合う。まぁ、負け惜しみも入りますけど、ふたりともいわゆる〝チャラい系〟なんですよね。さすがにずっと部屋でラジオを聴いている根暗なボクとは、ちょっと相容れない部分があったと思います。

「ボクには尊敬する兄がひとりだけいます」

何年か前、ｍｉｘｉが流行っていた時に、たまたま弟の日記を見つけたらそう書いてありました。

「あぁ、これは絶対に俺のことじゃないよな……」

ガックリしましたけど、**いつか「尊敬している！」と言わせてやろうと。**それが仕事をがんばれる、ひとつのモチベーションになっていますね。

兄貴とはひとつしか違わない年子なので、いろいろ影響を受けました。影響と言ったら、ちょっと意味が違ってくるのかな？

ボクは小3の時からサッカーをやっていたんですけど、本当はサッカーはやりたくなかったんですね。というのも、阪神タイガースが大好きだったので、むしろ少年野球がやりたかった。

でも、兄貴が地元の少年団でサッカーを始めたので、「当然、お前もやるよな？」という流れでサッカーをやらされることになっちゃったんです。

ボクも兄貴も中学から大学までエスカレーター方式。しかも同じ中学に入学してしまったもんだから、もうこの呪縛から10年間は逃《のが》れられない。事実、野球部に入ろうと思っていたのに「おっ、お前が石井の弟か！」となって、気がついたらサッカー部に（涙）。当たり前ですけど、顧問の先生も一緒ですから、さらに逃れられない感が強くなるの、おわかりいただけるでしょ？

そんな経験があるから、今、自分の子どもには「習い事、嫌だったらやめてもええぞ」と言ってあります。

ボクらがよかれと思って始めさせた習い事だけど、本人はやりたくないことかもしれない。それを親の顔色をうかがって、嫌だと言い出せずに我慢しているのはよくない。ホンマにやりたいことを言いなさい、と。実際にピアノ教室に通わせるのをやめましたからね。それでいいんだと思います。

ボクも高校に入ってからなんとかサッカー部から抜け出して、友達と一緒に「ゴルフ部」を立ち上げました。

やっぱりボンボンが多い学校だったんでしょうか。同級生に有名なゴルフ用品メーカーの社長の息子がいたんですね。

彼のツテで道具も揃うし、練習場も安く借りられる、ということで新たにゴルフ部を作ったのはいいんですが、集まった部員はボクを含めて3人だけ。一応、大会にも出たんですけど、**すべての出場者の中で、成績ワースト3をボクたちが占めるという惨憺《さんたん》たる結果で、1年ぐらいで廃部となりました**。

一方、破天荒だった兄貴は、せっかく大学まで進んだのに「おもんないな、俺、デザイナーになるわ」と中退してしまったんです。

結局、紆余曲折あって、兄貴がガソリンスタンドを継ぐことになりました。

今は兄が大阪でガソリンスタンドを、弟は東京の会社に就職して、けっこう偉くなっている。で、ボクは名古屋でアナウンサーをやっている。

「兄が大阪で油を売って、ボクは名古屋で油売ってます。油違いやろ！」とよく言っているんですけど、みんな同じようにエスカレーターに乗せてもらったのに、三者三様の育ち方をしましたね。

そうそう、第1章で父親の葬儀の日に『ゴゴスマ』の生放送に出演した話を書きましたよね。その時、ボクは兄貴にあることを提案したんです。

葬儀場から火葬場に行く途中に、父親が経営し、今は兄貴が継いでいるガソリンスタンドの前を通る予定になっていた。

せっかくだから、「霊柩車に寄ってもらって、父親を乗せたまま給油したらどうやろか？」と。「自分が最後まで守り抜いた店で自分が乗った霊柩車にガソリンを入れたら、何よりの供養《くよう》になるんやないかな？」と。

すると兄貴はボクのプランを「アホか！」と一蹴しました。

「霊柩車はでっかいやろ？　あんなんが停まっていたら、せっかく給油しようと思っていたお客さんが入れなくなるかもしれん。お客さんが最優先や！　親父にはクラクションを鳴らして通り過ぎてもらえば、それでいい。従業員がみんなで帽子を取って、見送るから！」

その言葉を聞いて、**「あぁ、兄貴は本当の意味で『あきんど』になったんだな」**と。ええ言葉やな、とボクは思いました。

あんなにガソリンスタンドを継ぐことを嫌がっていた兄貴が、最後の最後には、ちゃんと父親の遺志を継いで、おそらく父親が一番喜ぶであろう方法でしっかりと送り出してくれた。

ボクはその日は『ゴゴスマ』に出ていたので立ち会えませんでしたが、親父を乗せた霊柩車がガソリンスタンドを通りすぎるシーンは、なかなかの感動モノだったよ、とあとで聞きました。

だから、兄貴のやり方が正解だったんでしょうね、きっと！

ちょっと話はさかのぼりますが、父親が亡くなる1時間前、ボクは「ありがとうな」と伝えました。

でも、いろいろと迷惑をかけてきたであろう兄貴は、素直にありがとうとは言えずに「親父、ごめんな」と言った。

「ありがとうな」と「ごめんな」。

客観的に見れば、ボクのほうがいい看取り方かもしれません。

でも、たまにはケンカもしたけれど、基本的には従順だったボクよりも、最後まで「ごめんな」と謝りながらも、ちゃんとガソリンスタンドを継いで、商売魂まで受け継いでくれた兄貴のほうが、父親からしたら「かわいい息子」だったのかもしれない

――それは自分が親の立場になってから、しみじみ考えるようになりました。

なんでボクがそんなに父親に怒られなかったかといったら、兄貴が怒られている姿をさんざん見てきて「あっ、あれをやっちゃダメなんだ、これを言っちゃダメなんだ」と学習したから。本当に「要領かましの次男」ってヤツで、それはそれで親からしたら、ちょっと可愛げがなかったのかな、とも思います。

今、ボクがこうやって憧れだったアナウンサーをやっていられるのも、父親と兄貴のおかげです。

結果として、最後に背中を押してくれたのは、このふたりだったんですから。

その話と、アナウンサーになるまでのハチャメチャな道のりは、次の章で詳しくお伝えしましょう。

コラム
石井アナの素顔大公開

増《ます》田《だ》 英《ひで》彦《ひこ》

ますだおかだ

15年前から親交がある増田だからこそ思う 石井アナの人に愛される魅力とは!?

芸人たちは石井くんが好きで 石井くんも芸人をリスペクト!

『ゴゴスマ』の番組の魅力ですか。それはもう、「石井くんに誰も気ぃ遣ってない」ってことに尽きますよね(笑)。ボクらますだおかだは『ゴゴスマ』が東京でも放送される前から一緒だし、そもそも石井くんと最初に仕事させてもらったのは、それこそ今からもう15年ぐらい前。だから余計に気を遣ってないのかもしれませんけど。

いや、でもやっぱりほかの芸人たちも石井くんに対して誰も気ぃ遣ってないし、その気ぃ遣ってない空気を見て、普段は政治や社会の問題を鋭く切っている真面目なコメンテーターの方とかも、「あ、この人はこういういじり方しても大丈夫なんだ!」みたいな空気になってますよね(笑)。石井くんも石井くんで、「気ぃ遣わんといて」っていうか、大阪出身なんで、むしろ「なんやったらいじってえな」ぐらいのノリでいてる人やから(笑)。

あとは、**やっぱり石井くんが芸人に愛**

増田 英彦(ますだおかだ) 1970年、大阪府生まれ。第2回M-1グランプリ優勝。CDデビューを果たすほど歌唱力が高く、ラジオ番組でポエムを披露するなど、多彩な才能を持つ。バラエティ番組でMCを務めるほか、ラジオ番組でもパーソナリティーとして活躍。『ゴゴスマ』では金曜日レギュラーとして出演中。多種多様な質問にも、芸人という枠を超えて的確なコメントを返している。

されてるっていうところも番組の魅力につながってるんじゃないですかね。石井くんも芸人に対してもリスペクトの気持ちを持ってくれてるんで。そこは関西生まれ、関西育ちのアナウンサーっていう要素も大きいんじゃないでしょうか。そんな信頼関係みたいなものもあって、石井くんと芸人たちが雰囲気とかアイコンタクトで通じてるところもあるんじゃないですかね。

自分に課した役割に石井くんは気づいてくれる

『ゴゴスマ』も今でこそ知名度が上がってきましたけど、最初は本当に純粋な情報番組で、途中から政治や事件を扱うようになったんですね。そんな中で、芸人はホンマはもっと笑いのほうになんか持っていきたい、ふざけた感じに持っていきたいんです。たとえば、ある1個のニュース見た時、芸人みんなそうやと思うんですけど、真面目なコメントとボケのコメントと一瞬にしてふたつ思い付いてると思うんですよ。さらに瞬時にね、さあどっちをチョイスするか、というのが大切で。でも、事件の場合はどっちかいうたらまともな感じのコメントのほうにいきがちになる。でもニュースによって、もしくはスタジオの空気によってちょっと笑いのほうに寄ってきてるな思ったら、思い付いていたボケのちょっと手前のコメントを出す。その辺の微調整がけっこう大変でしてね。**意見にしても、シーソーのように、なるべくフラットな感じで見てもらえたらええかなぐらいの心構えではいますけどね。**ボク、父親やし、イチ事業主やし、支持政党もないし、無宗教やし、そんな賢くもないですから。

あとは、急に新しい資料がスタッフさんから石井くんに入ってきたから「今、あれ下読みしたいやろうな」とかいう時は、ボクのほうでちょっと長めにコメント出して尺を稼ぐか、あるいはボクがほかの出演者さんに振るとか、いわゆる裏回し的な役割はせなあかんな、と。これって、頼まれてるわけじゃないですけど、**石井くんはそんな役割に気づいてくれるんですね。**たまにCM入った時とかに石井くんに、「さっきのコメントありがとうございます!」みたいなことは言うてもらえたりすることはありますよ。

金曜日の『ゴゴスマ』は〝欲しがる〟石井くんにも注目!

そんな石井くんのダメなところ……ダメ出しっていうか困ってるのが、ちょいちょいVTR中とか、ピンマイクを押さえてね、ボケてくるんですよ(笑)。そんな時に限ってVTRを見てるボクの顔がワイプで抜かれてて、ツッコんであげたいけどツッコめないみたいな。特に金曜日だと、「明日から休みや!」っていうモードに入るんですよ、後半から明らかに! **「もうあと、あと、あと1時間経ったら俺はもう休みに入んのや!」っていうのがすごいあるんですよ(笑)。**

さらに、天気予報があって、ネット枠から東海ローカル枠に切り替わったところなんて、「あと20秒で俺は休みだ!」みたいなモード全開に入ってるから、ようなんかいらんこと言うてますよ(笑)。基本ね、石井くんは欲しがりですから。

明日になったらもう休みやっていうモードに入る時、ちょくちょく出るんです、欲しがりやなところが。**金曜日だけは、しょうもないボケを入れてきて欲しがってる石井くんが見られる日じゃないのかなと思います。**

あと、『ゴゴスマ』金曜日のもうひとつの魅力は山路（徹《とおる》）さんの存在ですね。女性問題のニュースとか芸能ニュース、最近少ないですけど扱った時に、やっぱ石井くんも山路さんの存在は心強いでしょうね。山路さんに対してはもうNGがないんで。ヤマジーなしなんで（笑）。

気持ちは大阪から東京へ!?
そんなイジリも『ゴゴスマ』だから！

NGの話で言うと、石井くんもNGがないんです。やっぱりどっか大阪出身のアナウンサーで、以前はやっぱり大阪の番組に対する憧れとか、大阪の芸能界に対する憧れとか、大阪のアナウンサーというものに対する憧れも基本的にあったと思うんですよ。本人、口では言わないですけど、最後はなんかどっか大阪のアナウンサーで終わりたいのか、大阪でも仕事してみたい気持ちがあったはずなんですよ。事実、最初の頃って、「今、大阪どんな感じなんすか?」、「どの番組が一番視聴率取ってるんすか?」、「誰々さんはどうなんすか?」みたいなことを聞かれることが多かったんですけど、**最近は聞かれることがめっきり少なくなりました（笑）**。やっぱり「俺の原点は大阪や！」っていうのが大阪人って強いから、石井くんからもそれをすごい感じてたんですけど、『ゴゴスマ』が関東で放送されるようになったり、TBSさんの『サンデージャポン』に出だしたりしてから、**なんかどうも東京のほうに気持ちがいってるんちゃうかなっていう（笑）**。

ただ、みんながそのネタで石井くんをイジるじゃないですか。実際、「フリーになろう思ってんちゃうの？」とか、「東京、いきたいんちゃうの？」みたいなことをオンエアでもわれわれとか芸人とか、コメンテーターの方たちから言われたりするんですけど、それって本来ならピリピリしてもおかしくない話というかNGやと思うんですね、デリケートなネタだから。でも、それが許されてるCBCさんの社風もスゴいなっていう。ええ会社やねんな、ええ放送局、ええスタッフに囲まれてんねんなって。これもCBCさんの社風、プラス、石井くんの人徳なんやろうなって思いますね。あと、石井くんと山路さんが一緒ってのも自由やなぁ（笑）。

第3章

ゴゴスマとの出会いで人生が変わった

就職浪人を経てCBCに入社……
でもボクはポンコツなアナウンサーでした

勘違いで出遅れたアナウンサー試験

小3の時に初めてラジオのプロ野球中継を聴いて、ボクの人生が大きく変わった、ということは前の章でお伝えしました。

その時から「将来はアナウンサーになりたいなぁ」という夢はうっすらとありました。友達がひとりもいなかったのに、アナウンサーのモノマネをすることでクラスの人気者になれたし、そのあともずっとラジオを聴いて過ごしてきて「やっぱり俺、しゃべることが好きなんだな」と再認識もしました。

中学や高校の学園祭でもフィーリングカップルの司会者役をみずから志願してやっていましたね。とにかくマイクを握りたい、と。

これが人気アナウンサーの本だったら、ここから順調にアナウンサーへの道に進んで……たぶん数ページで終わっちゃうんでしょうけど、ここがボクのおかしいところで、こんなに幼い時から憧れてきた職業なのに、ぐるっと遠回りをしてしまうんです。

実際、ボクは家業のガソリンスタンドを継ぐつもりでした。

1歳上の兄に継ぐ気がまったくないし、10歳下の弟はまだ小学生。もうボクが石井家にとって〝期待の星〟でした。

おじいちゃんが創業者なので、父親が2代目。普通に人生を歩んでいれば、今頃、ボクは大阪で3代目の経営者になっていたはずなんですよね。

ちなみに、周りが就活モードになっても、「アナウンサーになる」という選択肢はボクにはまったくありませんでした。

とにかくアナウンサーは普通の人間ではなれない——成績はオールAで英語がペラペラなことが必要最低条件だと勝手に思い込んでいたので、ボクはアナウンサーにはなれっこない、と決めつけていたからです。

かといって、ほかにやりたいことがあるかといったら、これもない。ガソリンスタンドを継ぐことしか考えていなかったから、危険物取扱の資格だけは取りにはいったけれども、いわゆる就職活動はまったくしていない。

唯一、吉本興業さんの会社説明会には行きましたけど、それはもうただ単に興味があるからのぞきにいっただけで、正直、就職する気はまったくありませんでした。実際、説明会に西川きよし師匠が突然出てこられて、「やっぱり、吉本ってスゴいなぁ～」と感動はしましたけど、だからといって、「就職したいな」という気持ちにはなりませんでした。芸人という仕事への憧れもありましたけど、さすがに自分には無理だろう、と悟っていましたからね。

そんなある日のこと。

当時、付き合っていた同じ大学の女の子から「昨日、フジテレビに行ってきたんだ」と言われました。

わざわざ大阪からフジテレビに？　その発言にはもう違和感しかない。

「なんの用事があってフジテレビに行ってきたの？」

「用事も何も就職試験だよ。アナウンサーの試験を受けてきた」

衝撃的すぎて、すぐには意味がわかりませんでした。こんなに身近にいる人間が、当たり前のような顔をしてアナウンサーの試験を受けている事実。ボクは絶対に無理だと思って、試験のスケジュールすら調べていなかったのに！　いったい、何がどうなっているのか？

「アナウンサーになるって、キミ、英語しゃべれたっけ？」

「えっ、しゃべられへんけど？　それとアナウンサーになんの関係があるの？」

これまた衝撃の事実！　アナウンサーになるために英会話は必須ではない、と初めて知った瞬間でした。

「でも、大学受験より難しいペーパーテストがあるんやろ？　お前も俺と同じ内部進学で受験勉強もしてこなかったのに、よくできたな」

「えっ？　そんなに難解なものはないよ。アナウンサーの試験っていったら、いちばん大切なのは面接やから。勝負どころは面接！」

もう頭の中は真っ白です。

英語がしゃべれなくてもいい。

筆記試験よりも面接が大事。

そんなこと、先に知っていたら、絶対にアナウンサーの試験を受けまくっていたのに！　いや、待てよ。ひょっとしたら今からでもギリギリ間に合うんじゃないか？

小学3年生から密《ひそ》かに抱いていた夢が、一気に自分の中から溢れ出してきました。

「居ても立ってても居られない」というのは、まさにこういうシチュエーションを表現する言葉なんでしょうね。

就職活動すらするつもりがまったくなかったので、スーツの一着も持っていないことに気づき、慌てて面接用のスーツを仕立てると、本屋さんに寄って面接に役立ちそうなマニュアル本を買い漁《あさ》りました。

「俺、アナウンサーになれるかもしれない！」

ただ、当然ながら、その前には大きな難関がいくつも待っていました。

わずか1か月の準備期間で最終選考に！

最初に浮上した大問題。それは日程でした。

彼女が「昨日、フジテレビで試験を受けてきた」と教えてくれたように、東京のテレビ局の入社試験は、この段階でほとんど終わっていました。

結果、この時点で東京キー局は諦めるしかなかったんです。

ボクとしては、やっぱり「プロ野球の実況中継をしてみたい！」という夢があったので、東京がダメとなると、プロ野球の球団がある地域から絞り込んでいくしかない。となると、あとは大阪、名古屋、広島ぐらいでした。

とりあえず大阪は毎日放送の試験にギリギリ間に合いました。

普通に考えたら、こんな飛び込みで就職試験を受けたところで、まず受からないと思うじゃないですか？　だって「アナウンサーになろう！」と決断してから、実際に試験を受けるまでに1か月もないんですから。

ところが不思議なもので、当時のボクにはそんなネガティブな発想は一切、なかったんです。ただただ家でマニュアル本を読んでいただけなのに、根拠のない自信だけはあった。「自分が本当にやりたかった夢がすぐそこにある」とわかっているから、そこだけを見つめて猪突猛進できたんでしょうね。

実際に毎日放送では箸にも棒にもかからなかったわけではなく、ある程度のところまでは行けたんです。20人ぐらいに絞り込まれる段階までは、残っていましたから。

残念ながら毎日放送はそこで脱落してしまったんですけど、**そのあとに受けた名古屋テレビでは、最後の試験まで進むことができました**。3人だけ残って、そこからアナウンサーになる人間が選ばれる、最終選考のところまで行けたのです。しかし、残念ながら落ちてしまいました。

結局、どのテレビ局にも入れなかったんですが、アナウンサーへの夢は萎《しぼ》んでしまうどころか、ますます大きくなっていきました。

だって、たった1か月の準備期間しかなかったのに、何百人も受けるアナウンサー試験で、最後の3人まで残れたんですよ？　来年のアナウンサー試験まで、たっぷり1年ある。その期間、しっかりと準備をして、傾向と対策を研究すれば、間違いなくアナウンサーになれる……もう手応えしかなかったですから！

ただ、そこにはさらなる大問題が横たわっていました。ボクはもう大学を卒業してしまう。そうなると「新卒」として入社試験を受けられないのです……。

父と兄にはひたすら感謝！　本気の「就職浪人」‼

もう腹は括《くく》っていました。「就職浪人しよう」と。

プロ野球でもたまにありますよね？　志望球団にドラフトで指名されなかった場合、高校や大学を卒業したあと、留学や留年をして、1年後のドラフトを待つケースが。ボクはどこからも指名されたわけじゃないですけど、段取りとしては同じです。

そのためには、ボクは大学を留年しなくてはいけません。新卒として入社試験を受けるにはそうするしかないからで、結局、1年間、大学を休学する形にしました。

高校入試や大学受験で苦労しないように、とわざわざ父親がエスカレーター式の学校に入れてくれたのに、最後の最後になって、あえて就職浪人するとは……なんのための10年間だったのか、と親に嘆かれても仕方ありません。

それ以前の問題として、その決断を認めてもらえないかもしれない。休学するとなっても、通常の授業料の半分は収めなくちゃいけません。それだけで何十万円にもなるので、とても自分では払えないし、親に負担してもらわなくちゃいけない。「そんなもの払えるか！」と言われたら、もうそれまでです。

そもそも、ボクがガソリンスタンドを継ぐことは、石井家では既定路線になっていました。実際に父親が休みの日はボクが店を回していたわけで、もう、毎日が引き継ぎ作業をやっているようなもんでした。

でも、「アナウンサーになりたい！」という気持ちはもう抑えきれない。とりあえず、ボクは兄貴に相談することにしました。

「実はアナウンサーの試験を受けたんだけど、ほとんど準備もしていなかったのに最後の3人まで残れた。来年、再チャレンジしたら、絶対に受かると思うんやけど、それでもやっぱり俺はガソリンスタンドを継ぐべきやろか？」

すると、兄貴は即答でこう言いました。

「お前、それは好きなことをやるべきやで！　ここで諦めたら、一生、後悔するぞ」

今考えたら、この時点で兄貴にはガソリンスタンドを継ぐ気持ちはさらさらなかったわけで、なんとも無責任な話でもあるんですけど（笑）、このひとことで踏ん切りがつきました。就職浪人して、もう一回だけアナウンサー試験に挑戦する——それでダメだったら、きっぱり諦めてガソリンスタンドを継ごう、と。父親はというと、めちゃくちゃ身勝手な話なのに、なんにも言わずに「ええよ」と言ってくれた。学費も払ってくれた。父と兄のバックアップがあったからこそ、今のボクがあるんです。

人としてのルールを守れなかったテレビ朝日の試験

こうして迎えた、2年目のアナウンサーへの挑戦。

一応、半年ぐらいアナウンサーの専門学校にも通って、ちゃんと準備しました。あとはやっぱりマニュアル本！　ボク、今でもマニュアル本を読むのが大好きで、家にはトーク術の本とか山ほどあります。勉強は好きじゃなかったけど、自分がいいと思ったことから「学ぶ」のは大好きなんですよね。

さて、2年目のアナウンサー試験は、スケジュールにも余裕があったので東京キー局も受けることができました。

忘れられないのがテレビ朝日です。

試験は順調に進んで、最終の10人まで残れた。そして、その10人がスタジオに集められたんですが、カメラが3台ぐらいあって「ここでインタビューをしてもらいます」という、かなり本格的な実践テストが準備されていました。

しかも、インタビューをする相手は元プロ野球選手で当時、解説者をされていた柴田保光《やすみつ》さん！　西武ライオンズに入団し、日本ハムファイターズ（ともに当時）時代にはノーヒットノーランも達成されている方です。

その柴田さんにカメラの前でインタビューをする……一応、その場で柴田さんのプロフィールは配られるんですが、それを資料にして、自分で質問を考えてインタビューをしてください、という試験です。制限時間は5分間。ボクは野球が大好きなので、「緊張はするけれども、そんなに難しい課題ではないな」とちょっと高を括っていた部分もあったんですが、それが大きな間違いでした。

まずは当たり障りのない質問から入ろう、というのがボクの戦略。そこから話を広げていって、上手く5分間を使っていこうと考えていました。

「柴田さんはノーヒットノーランを達成していますが、その時はどんなお気持ちでしたか?」

なかなか上手い入り方ができたな、と思ったんですが、なぜか柴田さんの表情が険しい。このあと言われたひとことを、ボクは今でも鮮明に覚えています。

「うーん……別にその質問に答えてもいいんだけど、その前に、あなたはどこの誰なのかな?」

うわっ、やってもうた!

インタビューのテクニックや、その後の話の展開をどうしようか、ということで頭がいっぱいになっていて、アナウンサーというよりも、人として最低限のルールである「ちゃんと名乗ってから話を聞く」という、もっとも大事なところが欠落していた。もう、この時点で終わったようなものでした。そこからの5分間、ボクは何をどう話したのか、よく覚えていません。とにかく、しどろもどろになってしまい、インタビューどころではなくなっていました。

当然、これでは受かるはずもありません。ただ、**この試験を通じて、あらためて挨拶の大切さを学ばせていただきました**。

これは今でも肝に銘じていることです。アナウンサーという職業は、いろいろな人にお会いしますから、ちゃんとこちらの社名と名前を言ってから、挨拶をしなければいけない。あの日からずっと、それは守り続けています。

先日、とある取材を受けた時、「石井さんはものすごく丁寧に挨拶をされるのでビックリしました。東京のアナウンサーはそこまで丁寧に接してくれない方が多いので」と言われて（あくまでも記者さんの感想ですよ！）、ふとテレ朝での試験のことを思い出しました。

あの時、柴田さんに指摘されていなかったら、ボクはロクに挨拶もできないアナウンサーになっていたのかもしれないな、と。

だから、あの時、落としてもらってよかったんだと思うし、そのあとにCBCの試験があったのも、すべては運命の巡り合わせだったような気がします。

それ以前の問題として「あぁ、これは俺なんか通らないよな」と思ってしまうような出来事もありました。ある局内でエレベーターを待っていたら、扉が開いた瞬間、スゴくキラキラ輝いている青年が降りてきた。

「きっと、今日、同じ試験を受ける人なんだろうな」

そうだとしたら、受かるのは絶対にこの人だ、と瞬時に感じました。どこからどう見ても男前だし、何よりもスタイリッシュで爽やか。ボクにはないものをたくさん兼ね備えているし、とにかく華がある。その青年こそが、フジテレビでがんばっている渡辺和洋アナウンサーでした。

さて、その後のボクはというと、大阪のABCを受けて、最後の3人まで残ったんですが、京都大学アメリカンフットボール部出身の長身・男前に負けました。その人は現在『おはよう朝日です』の司会を担当している岩本計介アナウンサーです。

みんなバラバラの局、地域で活動していますけど、15年以上が経った今でも、ボクは「あのふたりには負けたくない」という気持ちを一方的に抱えながら闘っています。

小学生の頃の「実況モノマネ」が活きた！

結局、入社試験といっても他人との競争なんですよね。

いかに自分がおしゃべりが大好きで、アナウンサーになりたいという熱意があっても、ボクよりも魅力的な人材が一緒に並んでいたら、自分は選んでもらえない。

これはそのあとの試験を勝ち抜くためのヒントになっていくんですが、ちょっとした絶望感もあるわけですよ。アナウンサーはしゃべりのプロなんだから、見てくれとかはどうでもいいじゃないか、と。

個人的には「ボクみたいに毎日、テレビを見て、ラジオを聴いて、しゃべることが大好きな人間を取ってくれ」と思うわけですよ。野球が上手い人がプロ野球選手になって、サッカーが上手な人がJリーガーになる。でも、アナウンサーに関しては、入社試験の段階では、肝心のしゃべりよりもルックスが重視されたりする。

納得はできないけれど、そのあたりも理解した上で自分をアピールしていかないと勝ち残れないな、とテレ朝とABCでの敗北を通じて学びました。

東京、大阪でいいところまで行きながらも、あと一歩のところで届かず、次は名古屋の番です。ＣＢＣでは15人ぐらいまで絞られたところで、男性受験者たちが会議室に集められました。そこにはモニターがあって、画面では中日ドラゴンズの福留（孝介）選手がナゴヤドームでのオールスター戦でホームランを打っている映像が流れていました。

「では、この映像を見て、実況してみてください」

これ、簡単そうで、なかなか難しい課題です。あんまり奇をてらったこともやりにくいし、映像に沿って実況すると、どうしても「ピッチャー投げました。福留、打ちました。大きい、大きい。ホームラン！」みたいなただの状況報告になってしまう。いや、それを求められているのかもしれないですけど、ほかの人たちの実況を聴いていて「みんな同じような実況してるな」と思っちゃったわけです。

何か要素を付け足すとしても、「地元・ナゴヤドームで」とか「オールスターの大舞台で」みたいな補足説明ぐらいだし、すでにやっている人がいる。

さいわい、ボクの順番は15人中7番目だったので、いろいろ比較しながら考える時間もあったんですね。そこで「誰もやってないことってなんだろう」と思った時に、ハッと気がついたのが、小学生の時にクラスメイトに披露していた「実況モノマネ」。あの楽しさ、あの賑《にぎ》やかさを表現している人はまだ誰もいません。もちろん、あくまでも試験なので、ちゃんと抑えるところはオーソドックスにやらなくちゃいけません。ピッチャーが投げてから、3塁ベースを回ってホームインするところまでは基本に忠実にしゃべったんですが、そこでちょっと遊びを突っ込みました。

「福留、今、ホームイン！　いやぁ、素晴らしいですね、掛布さん！」

実際の放送だったら、隣に解説者が座っているはずで、**ボクはそこにいるであろう掛布さんに話を振って、その掛布さんのコメントもセルフで演じました**。

「本当に素晴らしいですね。いやぁ、今のはね……」と掛布さんのモノマネを実況に入れ込む。これがものすごくウケた！　と同時に、みんな「やられた！」という顔をしているではありませんか。ここまで誰もやっていないし、これからやってもボクほどのインパクトは残せない。ある意味、ボクのルーツである小学3年生の時に教室で披露した一芸が救ってくれたようなものです。

この実況がウケたおかげか、ボクは次の局長面接まで進むことができました。その時、ボクは「特技」の欄に「競馬の架空実況」と書きました。

そんなもんね、実際に得意かどうかなんて関係ないんですよね（笑）。面接なんだから、確実に特技欄を見て、質問をしてくる。そこに「架空実況」と書いておけば、これはもう間違いなく「やってみてください」と言われるに決まっているわけで！

一時期、大学の後輩からエントリーシートを見せられて「アドバイスをお願いします」と相談されることがあったんですけど、特技欄に「読書」と書いてある学生には、ストレートにダメ出ししました。

「あのね、これって要するに『ネタ振りシート』やねんから。読書って言われて、面接官、どうやってネタ振ればいいの？　嘘でもいいから、『モノマネ』とか書いておきなさい。上手かろうが、下手だろうが、面白かろうが、面白くなかろうが、絶対に面接官に引っかかるから！」

もはや後輩へのアドバイスというよりも、あの日の自分に対して「あれでよかったんだよ」と言い聞かせているような感覚ですけどね（笑）。

局長面接では案の定、「競馬の架空実況をやってみてください」と振られました。絶対に振られると思っていたので、ある程度は作り込んであったんですけど、やっぱり、ライブ感が大事です。そこで局長面接に残ったメンバーを登場させて、それをレース風にしゃべることにしました。

ボクのほかに残っていたのが、ミスター慶應コンテストで優勝した人と、関西《かんせい》学院大学の学生。そこにボクを加えた3人を馬に見たてて実況しよう、と企んだわけです。

ちょうど中京競馬場で毎年『ＣＢＣ賞』というレースがあるので、その名前を借りて架空実況を展開していきました。

「さぁ、いよいよ始まります。中京競馬場、本日のメインレースは『CBC賞』。1枠1番、ミスター慶應。2枠2番に関学ボーイ。そして3枠3番が石井亮次であります。ゲートが開いて各馬が一斉にスタートしました。ミスター慶應が先行して、2番手に関学ボーイ。3コーナーから4コーナーのカーブを回って、いよいよ最後の直線。ミスター慶應が逃げる。関学ボーイが追う。さぁ、石井亮次も後ろから追ってくる！」

その場にいる人たち……まぁ、ボクからしたらライバルですよね。そんな彼らを勝手に登場人物にすることで、面接官にとってはわかりやすいし、臨場感もある。そして、レース上ではほかのふたりが優勢に立っている体《てい》で実況しているので、ライバルたちもそんなに悪い気もしないでしょ⁉

夢だったアナウンサーの席がかかった勝負なので、自分が大逆転勝利を収めたいところですけど、あえて、そういう筋書きにはしませんでした。

「さぁ、残り200を切りました。先頭でゴールをするのはどの馬なのか？　それを決めるのは皆さんです！」

実際に誰を勝たせるのかを決めるのは面接官の皆さんなわけで、最後に架空から現実に戻して、面接官に投げる——あえて自分を1位でゴールさせない奥ゆかしさも含めて、評価してくださいね、という狙いです。

おかげで「ほぉ、いいじゃないか」という雰囲気になって、ボクは局長面接も通過できました。アナウンサーになれたのは、掛布さんのモノマネと競馬の架空実況がハマったから、といっても過言ではありません。

ちなみに、最後の社長面接では、特技欄に「モノマネ」と書いて、実際に笑福亭仁《に》鶴《かく》師匠のモノマネをやって、それで合格になりました（笑）。

英語もしゃべれない、ペーパーテストも得意じゃないボクが、結構な難関を通過してアナウンサーになれた。その秘訣は面接の作戦勝ち……ではなく、**「しゃべるのが大好き！」という気持ちを前面に押し出したからだと思います**。

決して男前ではないし、スタイルが抜群にいいわけでもない。でも、ボクはテレビに「映りたくて」アナウンサーの試験を受けたんじゃなくて、テレビで「しゃべりたい」からアナウンサーを目指してきた。

その想いが面接官の皆さんに伝わったんだったら嬉しいし、理解してくれた会社にはあらためて感謝したいです。

こうして紆余曲折の末、ボクはアナウンサーになりました。試験の内容を自画自賛！

そんなボクを待っていたのは……挫折の連続だったのです。

ラジオ実況の研修でとんでもないミス！

こうしてボクは小学生の頃からの夢を叶え、アナウンサーになれました。でも、夢のような心地だったのはここまで。いざ、ＣＢＣに入社してからは、なかなか思う通りにはいきませんでした。

当然、ボクはプロ野球中継がしゃべりたいので、スポーツ担当アナウンサーを志望していたんですが……もう、これは時効だから書いちゃいましょうか。実は就職試験を受ける頃には、もう野球に対する情熱はかなり薄れていました。

ある程度の年齢になって競馬を覚えた時、そっちの面白さに目覚めちゃったんですよね。そうなると「あれっ、なんで俺は野球を命懸けで応援してきたんだろう？」と醒めてしまった。

とんでもない話ですが、もともと、そういう性格なんです。飽きっぽいというか、ひとつのことに夢中になるとひたすらに一直線だけど、それが一生の趣味にはならない。どんどん次のこと、その次のことに興味が移っていってしまうんですね。

競馬に興味を持ったきっかけは怪物・オグリキャップでした。

ボク、オグリキャップと誕生日が一緒なんです！　そう、3月27日‼

そんなオグリキャップは、岐阜の笠松競馬場でデビューしています。地方競馬で勝ち続けて、中央競馬に移った後も、数多くの重賞を制覇。引退レースではグランプリの有馬記念で感動の優勝を果たす――なんとも夢があるじゃないですか！　ボクはローカル局でアナウンサーになったけれど、いつかは東京でも放送される全国ネットの番組を持って、いつかは紅白歌合戦の司会者に――なんて夢を重ねやすい。実際、今でも思っていますよ、**「俺はアナウンサー界のオグリキャップになるんだ！」**と。まぁ、まだＪＲＡで言ったら未勝利戦クラスですけどね。

入社試験で競馬の架空実況をやったのも、そういう背景があってのことでした。それでも、面接の時には「スポーツの実況アナウンサーになりたい」「プロ野球の実況中継をやりたい」と言い続けてきました。

これはもう合格するために、ボクが考えた末にたどり着いた「戦略」でしょうね。面接官に「どうしてやりたいの？」と聞かれた時も、「ボクの声でスポーツの感動を伝えたい」とか「選手をもっと輝かせるお手伝いがしたい」といった感じで、非常に聴き心地の良い解答をしやすいというメリットもあります。

逆に「ニュースや情報番組をやりたい」と言った場合、そこまで綺麗な会話にならないな、と思ったんです。あざといなぁ。自分。

今や報道番組もタレントさんがキャスターを務める時代です。決して、アナウンサーじゃなければできない仕事ではないと思ったんですよね。

「タレントさんでもいいんじゃないの？」と面接官に返されたら、それにバシッと答えるだけの理由が正直、思い付かなかった。でも、タレントさんはスポーツ中継のゲスト解説はできても、さすがに実況まではできません。スポーツだけは、アナウンサーにしかできない唯一無二の領域です。だったら、もう「スポーツ実況をやりたい」で押し切ったほうが合格しやすいんじゃないか、と判断したわけです。

それが理由で入社できたかどうかはわかりませんけど、かなり精神的には落ち着いて面接に臨めたことはたしかでしょう。

そういう理由で入社しているので、さすがにアナウンサーになれたからといって「いやぁ、実はもうそんなに野球には興味ないんですよ～」なんて口が裂けても言えないし、最初の数年間は一生懸命、スポーツの勉強もしました。

でも、すぐに「あっ、これは無理だ」と観念しました。

プロ野球の実況って、本当に本当に本当に難しいんです！　当日、球場にフラッとといってパッとしゃべる、というわけにはいかなくて、1軍2軍の全試合をチェックすることはもちろん、日々、スポーツ新聞の記事やデータをスクラップして、選手ひとりひとりのデータを作成するという、地道な努力も欠かせません。

「それがアナウンサーの仕事じゃないか！」という話なんですが、スポーツ中継を担当する先輩アナウンサーの皆さんは、勤務外でもコツコツやっているんですね。だからこそ、心底、スポーツ実況アナの皆さんを尊敬してますし、だからこそ憧れてきたんでしょうけど……面倒くさがりのボクにとって、その作業は「絶対に無理！」の領域。めちゃくちゃ甘く考えていたんですね、プロの実況という仕事を。

それでも自分なりに努力はしてきました。休みの日は全部潰して、ナゴヤドームで中日ドラゴンズの試合を観て、中京競馬場や名古屋競馬場も回る。試合やレースを見ながら、実況の練習をするわけです。

そして入社して2年目。自分の人生を左右する研修がナゴヤ球場でありました。先輩方はナゴヤドームで中日ドラゴンズ（1軍）の実況中継を担当していますが、ボクたち新人はナゴヤ球場でのウエスタン・リーグ（2軍）の試合に行って、実況の練習をします。CBCはラジオもあるので、この日はラジオでの中継の練習でした。

テレビと違って、映像は見えないから、ひとつひとつの状況描写を事細かにしなくちゃいけません。そこはもう気負って考えていきましたよ。

「ウエスタン・リーグの公式戦、中日ドラゴンズと阪神タイガースの一戦をお送りしております。私もこのナゴヤ球場まで、最寄りのナゴヤ球場正門前駅から歩いてまいりましたが、歩道の桜はまだ4分咲きから5分咲き。満開の1軍を目指して……」

こんな感じで、気持ち良くしゃべっているところで、ボクの目にとんでもない光景が飛び込んできました。**アンパイヤがプレイボールを宣言して、ピッチャーが1球目を投げてしまったんです！**

プロ野球中継のセオリーは「ピッチャー、振りかぶって第1球、投げました」からスタートさせること。映像のないラジオなら、なおさらのことです。もし、バッターが1球目を打ってしまったら、放送上、まだ投げられてもいないボールが、どこかに飛んでいってしまうわけで、完全に中継番組として破綻《はたん》してしまいます。

でも、投げちゃったものは仕方ありません。ボクは練りに練った球場周辺の情景描写を一旦、中断して、冷静に言いました。

「あっ、ピッチャー第1球、投げてました」

……これ、**ラジオの実況で「過去形」を使うという大失態なんです**。もちろん、あくまでも練習なので、電波には乗っていないんですけど、横で聞いている先輩アナウンサーから「石井くん、それはダメだぞ！」とお叱りを受けました。

事実上、ボクのスポーツ実況アナウンサー生命はたった1球で断たれたといっても過言ではありませんでした。ラジオの実況で「過去形」を使うようなヤツに、誰も期待なんてしてくれません。

このエピソードをテレビなどで話す時は、「これで実況アナウンサーをクビになりました！」と、ちょっと面白おかしくオチをつけているんですけど、ド新人の研修一発目の失敗なので、本当に落ち込みました。「あぁ、自分にはスポーツ実況なんてできないな」とも痛感しました。

時は流れて入社してまもなく3年目というタイミングで、「『グッデイCBC』という情報番組を担当してみないか」という話が舞い込んできました。それが月曜日から金曜日までの帯番組だったので、スポーツ実況と両立するのは難しい……ということでボクはスポーツ中継の現場から離れることになりました。

正直「助かった」と思いました。

情けない話ですが、一度、現場から離れることで「あぁ、なんとか抜け出すことができた」と安堵《あんど》したわけです。CBCとしては「こいつにスポーツ実況は任せられないから」と思ったゆえの判断なんでしょうが、結果的に、研修の時の凡ミスがボクの人生を変えたと言えるかもしれません。

スポーツ実況での挫折が『ゴゴスマ』で役に立つ？

長々と書いてきましたけど、要するにボクは一度もスポーツ中継の実況を経験したことがありません。プロ野球のラジオ中継がきっかけでアナウンサーを志し、入社試験でも「スポーツ実況をやりたいです！」とアピールしてきた男が、ただの一度もマイクの前に座ることなく、スタジアムから散っていく。

今となっては、一度でいいからナゴヤドームでの阪神タイガースと中日ドラゴンズの一戦を実況してみたかったですけどね。子どもの頃からの夢に「落とし前」をつける、という意味でも。まぁ、それはただのないものねだりですし、あらためて冷静に考えたら、ボクの知識量とスキルでは、絶対に無理です。

でも、入社から2年間のスポーツ実況修業がまったくのムダだったのか、と言われると、決してそうでもありません。

最近でいうと、こんなことがありました。森友学園問題報道が過熱している時で、理事長だった方が突然、小学校のグラウンドに出てきたのです。一応、『ゴゴスマ』でもカメラを出していたので、その一部始終を生中継したんですが、現地からは何ひとつ情報が入ってきません。本当にイレギュラーな形で理事長さんがグラウンドに出てきてしまって、それをカメラがひたすら追っているだけ……という状況でした。

それでも映像は流れているわけで、何かしゃべらなくちゃいけません。**そこで役に立ったのがスポーツ実況の練習でした。**

「さぁ、今、グラウンドの中央に降り立ちました」といったふうに!

それこそ台本も資料もない。それでも目の前で起きていることを、なんらかの形でしゃべって、視聴者の方にわかりやすくお届けしなくてはいけない。スポーツ実況では、とんだ落ちこぼれで終わってしまいましたけど、ひょんな形で経験が活きました。

平昌《ピョンチャン》オリンピックの時も、メダリストが今日、帰国します、という日に放送がありました。空港にカメラを飛ばして、「ここからメダリストたちが出てきます!」というところをずっと映しているんですけど、テロップでは「まもなく到着」と出ているのに、20分経っても30分経っても出てこない。

本当にいつ出てくるかわからないから、別のコーナーに行くこともできず、ひたすら空港の出口を俯瞰で撮っている画《え》が1時間近く流れる……というシュールな状況になったんですが、その1時間をなんとかトークでつなぐことができました。これもスポーツ実況の勉強をしたおかげ。あれはファインプレー、ですよね、部長⁉

初のレギュラー番組の相方は……なんと犬！

入社3年目に突入した2002年4月から、ボクは情報番組の司会を担当することになります。

タイトルは『グッデイCBC』。ちょっと特殊な成り立ちで、当時、TBSで朝6時から生放送されていた情報番組『おはよう！グッデイ』の中で、朝7時40分台から8時20分台までの約40分間をローカル枠として、各局が製作してもいいですよ、という話になったのです。

この時間帯ではCBCとしては初の試みだったので、とりあえず若くて元気だけあって、毎日、暇にしているヤツを登用しようということになったんでしょうね。若さ、元気、暇の三拍子揃っているアナウンサーは当時、CBCでボクしかいませんでした。そういう意味ではラッキーでした。なぜか知らないですけど、いろんな巡り合わせに関しては昔から「持ってる」と自分でも思います。

『ゴゴスマ』が軌道に乗ったのも、最初の入口は舛添《ますぞえ》（要一）さんが東京都知事を辞める辞めないの問題の時に、毎日、とことん掘り下げたことからだったと思います。

世の中の人が「なんで?」と腑に落ちないことを、ものすごく時間をかけてトークする。ほかの番組だったら「毎日、同じことばかりやっているな」と見えてしまうんでしょうね。でも、『ゴゴスマ』の場合、日替わりでタレントさんや専門家の方が出演しているので、前日と似たような切り口でやっても、タレントさんのリアクションはまったく違うし、そこから広がる話もまた変わってくる。昨日、スタジオでみんな納得しかけたことが、違う日の異なる感想で「あれっ、やっぱりなんだかおかしいな」と新しい展開が生まれたりする。報じられている側からしたら、たまったもんじゃないんでしょうけど、おかげで流浪の番組が軌道に乗ることができました。

そういう話題がない時期にリニューアルしていたら、上手くいっていなかったかもしれないですよね。しかも、それ以降も誰もが「なんで?」と疑問に思う出来事が、ほぼ途切れなく続いてくれたことで、番組も波に乗ることができた——本当に巡り合わせには恵まれています。

ちょっと脱線しちゃいましたね。

ひとつ疑問だったのが、当時、暇だった、つまり、これといった仕事をしていなかったボクを誰がどうやって抜擢してくれたのか、ということです。

あとでこっそり聞いたところ、当時の番組プロデューサーだった大羽さんがボクのブログを読んでくれていたことがきっかけ、とのことでした。

当時、アナウンサーがブログを始める時代の走りで、局がブログを開設していたんですけど、まぁ、とにかく暇だったので、ほかのアナウンサーの何倍も、ボクばっかりが更新していた時期がたしかにありました。

個人のブログではなく、アナウンサーとして書くわけで、そこはちゃんと起承転結をつけなくちゃいけないな、と意識して書いていたんですが、それを大羽さんが読んでいてくれて「なんだ、石井って面白い男じゃないか」と興味を抱き、さらに斎藤さんという先輩が「石井にかけましょうよ！」と言ってくれて、それで大抜擢してくれることになったそうです。ちなみに、この斎藤さんがそれから10年後に『ゴゴスマ』の立ち上げのプロデューサーになる人ですから、人生とは面白いものです。

ともかく、本当に大抜擢ですよ！　単なる出演者のひとりではなく、メインMCですからね。

さて、この番組に出る時だけは「グッデイ石井」という名前でやらせてもらっていました。朝の情報番組のメインMCとなったら、スタジオで爽やかに決めて、横にはアシスタントとして女性アナウンサーがついていてくれて……と妄想していたんですが、その夢は一瞬にして砕け散りました。

スタジオで待っていたのは、女性ではなく犬でした。

番組のアシスタントというか、いわばマスコットですよね。まだ生まれたばかりの子犬だったので、最初はテーブルの上にちょこんと座らせていました。名前も視聴者の皆さんから公募して、グッデイを漢字にすると「好日」、それをひらがなに開いて「よしび」という名前に決まりました。

こう書くと、朝の番組にふさわしいエピソードに聞こえるでしょ？　**ただ、よしびの成長が想像以上に早かった！**　名古屋の動物愛護センターから引き取ってきた雑種犬だったんですけど、ゴールデンレトリバーの血が入っていたので、あっという間に巨大化。テーブルには乗らなくなり、自然と出番も少なくなってきた上に、本番中に吠えることが増えてきて、さぁ、どうしたものか、という話になっていました。

番組サイドの出した結論は「よしび降板」でした。

これには若造のボクも反発しましたよ。毎朝、一緒にやってきたから愛着もわいていたし、そもそも犬が成長することなんて、最初からわかっていたはず。楽しみにしてくれている視聴者の方だって少なからずいるだろう、と。入社後、初めてプロデューサーに楯突きましたよ。「納得できない！」と。

でも、プロデューサーの回答は明快でした。

「いいか、これは犬だけの問題じゃない。正直、視聴率は伸びていない。石井を切るか、犬を降ろすかの二択なんだよ。さぁ、どうする？」

そう言われてしまうと、本当に申し訳ないんですけど「わかりました。よしびを降板させるということで……」とボクもなってしまいます。

番組が始まってちょうど半年が経った10月から、よしびはスタジオからいなくなり、かといって新たにアシスタントがつくわけでもなく、グッデイ石井だけが残って、なんとか改編を乗り切りました。

ただ、良くも悪くも話題の中心だった犬がいなくなってしまったら、視聴率は落ちることはあっても、浮上する要素はまったく見当たりません。

結局、丸1年で番組は終了。**「グッデイ石井が1年でグッバイ石井！」**とネタにされましたけど（涙）、3年目でこの経験は貴重でしたね。**まさか、それから10年以上経って、同じ『グッデイ！』というタイトルの番組と視聴率で争うことになろうとは！**

スポーツ実況の話といい、「グッバイ石井」の末路といい、初期のエピソードはポンコツなものばかりなんですよ。

でも、自分ではパッとしないな、ダメだなって思っていましたけど、周りの人から言わせれば「たしかに結果はついてこなかったかもしれないが、これだけチャンスをもらえているんだから、むしろ、石井は恵まれている」となる。たしかに、力不足だった自分が、たくさんの貴重な仕事をさせてもらっていたわけです。

ただ、メインとなると『グッデイCBC』ぐらいのものでした。でも、それ以外の番組でも、何か得るものがないと、せっかくの機会がもったいない。そこで、**「何日連続でニュース原稿を噛まずに読めるか？」みたいな選手権を自分の脳内で開催してました**。夕方のニュースでは、一日に8本ぐらい原稿を読むのですが、平均でだいたい50秒ぐらいの尺になります。サラッと流したらミスしがちですけど、そうやって自分の中でルールを決めておくと、意外と噛まないんですよね。結果として、コツコツと努力したみたいなことになって、地力はついたと思います。

あとはCM中にカメラさんやスタッフさんをいじって、とにかくスタジオを笑わせることを意識的にやってきました。

これはスタジオの空気を良くする、スタッフさんを大事にするという意味も当然あったんですけど、いちばんの目的は「いつも端っこで静かにニュースを読んでいるだけのアナウンサーだけど、実はここにいるボクなんですよ！　誰か早く気づいて、早く大きな番組に起用して！」というボクなりのアピール、でした。それだけ、この頃もボクはコンプレックスの塊、そのものだったんです。

ロケで掴んだたくさんの「縁」

当時のボクはコンプレックスを抱いていただけでなく、実際に社内での評価もかなり低かったんです。これはハッキリ言われました。ボーナスの時に上司から「石井くんは社内評価が低いから、あんまり高くできないよ」と。「なんか知らんけど、君はなかなかメインにはなれないね」と。

自分としてはやる気もあるし、「その場さえ与えてもらえれば、もっと面白いことができる！」と自負していたんですが、これればっかりはチャンスが回ってくるのを待つしかありません。

その一方でロケ企画では重宝されていました。石井は関西出身で面白い、という雰囲気になっていたのか、土曜の午前中に板東英二さんの司会で放送されていた『晴れ・どきドキ晴れ』という番組ではロケレポーターを担当。番組内では**〝日本男児の心意気〟として、ふんどし一丁で温泉中継をやったり、生放送でお尻の毛を抜くエステを受けたり、スノーボードなんてやったこともないのに8メートルもあるハーフパイプに挑戦したり**と体を張るロケが多かったんです。

ハーフパイプに関しては、本当に怖くてね。ボクが延々「ムリです、ムリです！」と5分も6分も拒絶しまくって、最後は奇跡的にズサササッと転げ落ちていく画で終わったんですけど、そのコーナーで視聴率がグーンとハネ上がったんですよ。この時だけは、滅多に人を褒めない服部プロデューサー（当時）から、「今日の中継は、これまでの中でいちばんよかったよ！」と褒めてもらいました。その時に「放送はリアリティーが大切なんだ！」という学びを得ました。

『晴れドキ』では「お母さんと呼ばせて」というコーナーも担当していました。

これは街ブラ企画なんですけど、いろいろな街で見かけたお母さんにお声掛けして、その方の自宅に上がりこんで、おふくろの味をごちそうしてもらい、「○○町のお母さんって呼ばせてもらっていいですか？」とお願いするという内容。最終的に200市町村ぐらい回ったので、ボクは東海エリアに200人のお母さんがいる計算になります。いまだに皆さん、年賀状を書いてくださったり、採れたての野菜を送ってくださったりする。そういう方たちが、今、毎日のように『ゴゴスマ』を見ていてくださる……本当に「縁」って大事なものですね！

200人のお母さん、この本も読んでくれてますか？

『うもれびと』で待ちわびたチャンス到来！

地道にがんばっていると、どこかで見てくれている人が必ずいます。

２００８年から『なるほどプレゼンター！花咲かタイムズ』という番組でご一緒させていただいている友近さんは、「あんた、ホンマは面白いのに、まったく評価されてへんな」と気にかけてくださって、「あんた、ホントに埋もれちゃっているから『うもれびと』という番組に出てみる？」と推薦してくれたんです。

『うもれびと』はフジテレビで放送されていた深夜番組で、才能があるのに売れていない人を芸能人が紹介する番組で、司会はあの中居正広さん！

そんな番組に出られるのはありがたいことなんですけど、そもそも他局の番組で、なおかつ名古屋にもネットされています。

ボクはサラリーマンですから、会社の許諾がないと出られないんですけど、これがあっさりＧＯサインを出してもらいました。それだけ社内評価が低かった、ということでしょうか（笑）⁉

いざ、東京のテレビ局に行くだけで、当時のボクとしてはめちゃくちゃ緊張するんです。フジテレビなんて、アナウンサー試験の時に門前払いを食らってますからね。もうコンプレックスと憧れがごっちゃになって、なんか不思議な時間でした。

それでも、「なんとか爪痕を残せたぞ！」という手応えだけはあって、収録が終わって深夜2時ぐらいに、友近さんとボクとCBCのスタッフの3人で飲んだビールは、ボクの人生の中で最高にうまい一杯でした。

その時、友近さんが言ってくれたひとことに痺れました。

「あんたの人生、これで変わるで！」

実際に『うもれびと』に出演させてもらってから、社内での風向きが変わってきて「なんだ、石井、いけるじゃないか」という気配を感じるようになりました。

その流れで、翌年にスタートする『ゴゴスマ』の司会に抜擢されるわけで、文字どおり、人生が変わりました！

友近さんには恩義しか感じてないんですけど、具体的なエピソードとなると、なぜかパッと出てこない。そのことを友近さんに「いやぁ、今、本を書いているんですけど、〝これだ！〟という友近さんとの思い出となると……」と話したら、なんと、この本の巻末対談に登場して、直接、話してくださることになりました。

友近さんとの話は、そちらでもたっぷりとお楽しみください！

コラム
石井アナの素顔大公開

多《た》田《だ》しげお

フリーアナウンサー

石井アナの〝話し手としての強み〟を面接も担当した大先輩が徹底解説!

面接を担当した石井くんの記憶は今でも残っている

私はCBCでアナウンス部長をやっている時、10年近くかな、結構、長いあいだ、アナウンサーの採用試験を中心になって担当してきました。でもね、採用試験の時の印象なんて、そんなに覚えているもんじゃないんですよ。実際にボクが面接をして、○をつけたからアナウンサーになった人もいるわけですけど、入社してから「あの時、ああいう風に答えたのが合格につながったんですかね?」と酒を飲みながら聞かれても、正直「うーん、どうだったかなぁ~」というケースが多い。

ところが石井くんのことはよく覚えているんですよ。

当時、CBCの採用試験はえらい手間暇かけていたんですね。単なる面談とか原稿読みやカメラテストとかだけじゃなしに、5人ずつぐらいのグループに分けて、模擬番組をやってみるとか。1人が司会者になって、あとの4人が回答者に

多田 しげお　―ただ しげお―
1949年、大阪府生まれ。1972年にCBC入社。新人時代より数々の番組で活躍し、定年後も特別職として後輩の指導に当たる。現在もパーソナリティーを務めるCBCラジオの人気番組『多田しげおの気分爽快!! 朝からP・O・N』では、火曜日リポーターを務めていた石井アナを指導した名伯楽の顔も持ち合わせる。

なって番組をやってみましょう、といった感じで。これは試験が結構、進んでからになりますけど、かなり本格的なことをやらせていました。

ほかにもコーヒーカップとかペットボトルとか、グラブとかケン玉とかを会場に用意して「そのうちの3つ、自分で好きなものを選んで、その3つを使って話を作りなさい」とか。そういった、実際の放送に即した、それなりにレベルの高い試験をやってきたんですね。

学生の皆さんは、アナウンサーになりたくて試験を受けにくるわけで、まぁ、どの学生さんもそれなりに上手に話すんですよ。そういう人はたしかに○をつけてもらえるかもしれないですけど、まず印象には残らない。

その点、石井くんは鮮烈な印象を残してくれたんですよ。

ほかの学生さんは、上手く話を作ろうとする。でも、それで終わりなんですね。説明で終わってしまう。

ところが石井くんは話を作るだけでなくて「これこれこうでこうだから、スゴいんですよ」とか「こういうことじゃないか、と私は思います」といったように説明のあとに、ちゃんとオチをつけようとする。そういう学生さんは、ほかにはいなかったですよ。

石井くんは入社試験の段階でしゃべりの「極意」を見せつけていた

彼は大阪の人間でしょ？　私も大阪の人間ですけど、どこかに「話をしたら、何かオチをつけないと相手の方に対して失礼だ」ぐらいの考えがある。私なんかはそのあたりは放送人というか、放送のしゃべり手にとって必須条件ぐらいに思っているんですよ。テレビでもラジオでも、フリートークをしたあとに、ただ言いっぱなしにするんじゃなしに、「こうこうこうで、だからこうです」と言えるかどうか？　それが「しゃべりの達人」になれるかどうかの決め手になる。そこまではいかなくても、放送を聴いていて「なんか、この人いいよね」と思ってもらえるかどうかのポイントにはなると思うので、本当に大事なことなんです。

おそらく彼は、試験の時にそんなことは意識していなかったと思うんですけど、すべての話にちゃんとオチをつけてきた。何次面接になっても、その姿勢はまったく変わらなかった。ただ、試験なんで、考える時間はそんなに与えられない。サッと課題を出されて、パッと答えなくちゃいけない。そうすると、まぁ、スベるわけですよね。笑いを取りにいってスベるんじゃなくて、話にオチをつけたはいいけど、あんまり受けなかった、と。これからの人生を左右する大事な試験ですから、スベったら落ち込むはずなんですよ、普通。そんな状況でも彼は「あぁ、スベったな」というような表情でしゃべるんですよ。

これは極端に言うと、話をする人間の「極意」ですよ。

もちろん、まだプロではないわけで、そういうテクニックを持っているわけではない。それでもできてしまうということは、もともと、そういうものが備わっている人なんだな、と。だから、ボクは最初から「絶対にこの人はいい！」とどんどん推しました。あの年のボクのいち推しが彼でしたね。実際、そのまま、最終の役員面接まで通っていってくれた。いまだにこんなに覚えているぐらい、インパクトは強かったです。

不器用で引っ込み思案の彼は努力と研究で大物になっていった

ただ、実際にアナウンサーとして仕事をするようになると、まずは形とかテクニックを要求される。でも、彼は不器用で、なおかつ引っ込み思案なところがあるのかな、性格的に。だから、最初からは上手くやれないんですわ。簡単な中継であったり、レポートであったり、とにかく初めてのことが、ことごとく上手くいかない。

でも、そこで努力をするんですよ、石井くんは。なんで上手くいかなかったのか、反省して研究する。それも中途半端なやり方じゃなくて、自分が休みの日でも、わざわざ現場までやってきて、先輩の中継やレポートのやり方をずっと見ている。そこまでやるアナウンサー、なかなかいないですよ。

当時、彼によく言ったのは「お前はなんにもできんのだわ。でも、一度、経験したら、次からは必ずできるようになる。**今は何もできなくても、100経験したら、そのあとは100のことができるようになるんだから、時間はかかるかもしれないけど、ひとつずつ達成していって研鑽していきなさい**」と。ボクのラジオ番組『朝PON』でコーナーを担当していた時も「どうして、あれができなかったんだ?」と注意すると、それをよく聞いていて、次の放送ではちゃんとやってみせるんですよ。石井くんは努力して、どんどんいろんなことができるようになって、大物になっていくタイプ。ダメな人が突然、パッと良くなるなんてあり得ないですから。

素晴らしい「楽器」を持っているから目指せ「気楽な社会派アナウンサー」！

もうひとつ、彼が優れている点がある。それは「声質」です。

どんなに話す内容が素晴らしくても、視聴者やリスナーが「なんか、この声、好かん」と思ってしまったら、もうチャンネルを変えられてしまう。石井くんの声はスーッと聴いている人たちに受け入れられる。

これはね、**素晴らしい「楽器」を持って生まれたようなものです**。そこにどんどん中身とテクニックがついてきて、今の彼があるんですよ。

もう、ボクなんかが助言することは何もないんですけど、ひとつだけ言わせてもらえれば**「もっと自信を持ちなさい」**ということですかね。

できないことをできる、と言ってしまったら、それは単なるうぬぼれですよ。絶対に失敗する。でも、石井くんにはもうできることがいっぱいある。それに関しては自信を持ってやれば、もっと上手くいきますよ。

ジャーナリスト、なんて言葉を使うと誤解されちゃうかもしれないけど、彼には「気楽な社会派アナウンサー」「気楽な社会派放送人」を目指していってもらいたいですね。

第 4 章

プライドなくて、すみません

父として、夫として、男として
石井亮次、41歳の『ありのまま』

ロケでめっけた最高の嫁はん!

最後の章はボク個人、石井亮次について、思い付くままに書いていきます。

ボクは単なる41歳のおっさんです。

名古屋のテレビ局に勤めるおっさんですけど、おかげさまで毎日、東京でも放送されている番組に出させていただいています。

『ゴゴスマ』を観て、ちょっと気にかけてくださった方。

たまたまこの本を見かけて今、ペラペラとめくっている方。

そんな皆さんにもうちょっとボクのことを知ってもらえたら、明日からの『ゴゴスマ』が今よりほんのちょっと面白く感じられるんじゃないかな、と思っています。

まずは第3章の続きになるような話からいきましょうか。

ロケに出ることで、たくさんの縁ができたとお話しさせていただきましたよね。東海エリアには200人もお母さんがいますよ、と。それも本当にありがたい話なんですけど、**ボクは嫁はんもロケで見つけました!**

別の番組で「嫁はん探しの旅」とかいう企画をやっていたわけじゃないですよ。普通にロケをしている時に、偶然、出会ったんです。日付もはっきり覚えていますよ。２００３年2月14日のことでした。

当時、アポなしの街ブラロケ企画をやっていました。撮影する町や村だけを決めて、あとは完全にアポなしで話を聞いていく、という10分ぐらいのコーナーです。アポなしとはいっても、最低限の下調べはしておきますよ。さすがに現地まで行って、なんにもネタを拾えなかったら困りますから、あそこに面白そうなお店がある、あっちには美味しそうなレストランがある、という程度のチェックです。

運命の日は三重県津市でのロケだったんですが、タイガーマスクとかプロレスラーのマスクを作る職人さんがいて、マスク作りを請け負うだけじゃなく、お店に行くとマスクなども展示してある、と下調べでわかっていました。とりあえずロケ当日は、その店にフラッと行ってみよう、と考えていました。

お店はビルの1階の奥にあります。

さすがにビルに入って「あっ！」と発見するのはわざとらしいので、とりあえずビルの入口にある喫茶店に入りました。

ここに運命の出会いが待っていたんです！

「このあたりに何か面白そうなスポットってありますか？」

「それだったら、このビルの奥にタイガーマスク（のマスク）を作っている職人さんがいますよ」

喫茶店のカウンターで、コーヒーを入れながら、そう答えてくれたのが今の嫁はんでした。

まったくの打ち合わせなしに、こっちの求めている解答を「ポン！」と出してくれたんですから、ロケ的にはスゴく助かる展開だったんですけど、ボクにはもう別の感情が生まれ始めていました。

「うわっ、このコ、かわいい！」

正直な話、働き出してから、あんまり女の子にときめいたりすることがなくなっていました。だから、結婚とかもまったく考えていなかったんですけど、ますだおかだの岡田さんの家族写真をテレビで見て「わぁ、ええなぁ〜。なんか結婚したくなってきたわ」と思っていた矢先にこの出会いです。**もうね、いろいろと運命的なものを感じずにはいられないじゃないですか。**

その会話の流れで「じゃあ、タイガーマスクの職人さんのところへ連れていってください」となり、嫁はんが案内してくれたんですが、ここがアポなしの怖いところで、職人さんが不在だったんですね。

さて、どうしようかと困っていると嫁はんが「じゃあ、私のほうから連絡しておきますね」と言ってくれた。もう、この時点で気持ちが固まりました。かわいいだけじゃなくて、えらい親切だし、何かと手際もいい。

「あっ、俺、このコのこと、好きやわ〜」

学生時代以来、本当に久々に味わったときめき。

ここまで、ほんの5分間ぐらいの出来事ですけど、どんどんどんどん好きになっていくのがわかりました。

このチャンスを逃したらアカン！

もう人間の本能なんでしょうね。そう考えたら我慢できなくなって、ロケに同行していた年上のディレクターに「ボク、あのコと連絡先をどうしても交換したいんですよ」と相談して、ロケが終わった後、カメラマンやほかのスタッフを先に名古屋に帰して、食事をすることになるんです。

いきなりのことだから、向こうも警戒したんでしょうね、常連のおばちゃんを連れてきて、ボクとディレクターと嫁はんとおばちゃんの4人でお食事会。「いったいどんなシチュエーションやねん！」という組み合わせですが（笑）、なんとか連絡先を交換して、ボクと嫁はんの交際がスタートしました。

恐怖……恋のライバルたちに負けるな！

連絡先を交換したのはよかったんですが、ボクが5分で恋に落ちるぐらいですから、当時の嫁はんはものすごくモテたんです。

ボクとの出会いの2週間前、あるテレビ局のロケで、ある芸人さんがたまたまこの喫茶店にやってきて、やっぱり同じように連絡先を交換したと言うではありませんか。完全に惚れ込んでいたので、「ライバルに負けてられんな」と逆に燃えるわけです。

さらにもうひとり、ライバルがいました。

それはお店の常連さんで、ちょっと強面《こわもて》の人。完全に嫁はんに惚れ込んでいて、おそらく嫁はんに会うためだけに一日に4回もコーヒーを飲みに来る、というライバルです。お店としては最高のお客さんだし、嫁はんも上手く接客していたそうなんですけど、少しずつ行動も積極的になってきた、と。

こうなると、適当にいなしておくわけにもいかない。そうこうしているうちにボクたちの交際はどんどん進んでいって、婚約をしよう、ということになった。でも、その前にちょっとおっかない常連さんに伝えなくてはいけない。

何せその町では名の知れた強面さんですからね。なんにも言わずにお店から消えて、「あの子だったら、寿退社しましたよ」なんて聞かされたら、常連さんだからこそ、怒ってしまうかもしれない。だから、店を辞める前に「結婚することになりました」と常連さんに伝えよう、と彼女と話しました。

それだって、本当は怖いはずなんですよ。どうやって伝えれば納得してもらえるものかと悩みましたが、そういうところは嫁はん、肝が据わっていて「私から説明する」と。それを聞いたボクのほうが怖くて震えましたよ……。

そしてある日、お店にやってきた常連さんに嫁はんが切り出しました。

「私、婚約したんです。お世話になっている常連さんにご報告させていただいてます」

すると強面の常連さんはコーヒーカップをパタッと落とし、そのまま無言で店を出ていってしまった。怖いですよ、このパターン。この先、何が起こるかわからない。

すると20分後、常連さんは店に戻ってきました。大きな花束を抱えて。

「おめでとう。もう二度と来ないから」

それっきり、その常連さんは本当に二度とお店に現れなかったそうです。スゴい男気やなぁ、と同性のボクから見てもカッコよかったし、そこまで惚れられた嫁はんもやっぱり只者ではないぞ、と。ボクは安心して婚約を交わしました。

プロポーズは「声」と「音」で伝える

交際を始めてからは、本当にトントン拍子で、交際を始めてから8か月でプロポーズをしているんです。本当に岡田さんのおかげで結婚したいモードに入っていたから、恋愛にもエンジンがかかっていたんでしょうね。

結婚するなら、惚れ込んだボクからプロポーズしないといけない。そこはアナウンサーですから、どうやって言葉を伝えるかはこだわりますよ。しかも、一生に一度、絶対に失敗できない。ここでスベったら、結婚したあともずーっと言われますからね。

まず、手紙を書きました。出会ってから、これまでのことをしっかり起承転結をつけて。これをそのまま渡してもいいけど、ボクはアナウンサーだから、やっぱり「声」と「音」で伝えたいな、と思うわけですよ。ここからはちょっとした職権濫用になりますけど、ラジオのスタジオに入って、スタッフに頼みました。

「これから手紙の朗読をするから、録音してくれませんか？　2分ぐらいで終わるから、ちょっと手伝ってください。あっ、BGMにはサイモン&ガーファンクルの『明日に架ける橋』をかけてください。お願いします！」

ちょっとしたミニ番組を収録するぐらいの勢いですけど、このままだと嫁はんだけに聴かせるはずのプロポーズがスタッフにダダ漏れになる……のですが、そこはボクもちゃんと計算していて、手紙は「だから今日、この言葉を君に伝えます」で終わり、音楽もそのタイミングでプツッと切れる構成になっている。

これを録音したMDを持って嫁はんの部屋に行き、「ちょっとこれを聴いてくれへん？」と切り出しました。そして、プツッと音源が切れた瞬間に、隣に座っていたボクが言いました。**「結婚してください」**。もう嫁はんは号泣です。

ボクはポケットに入れておいたティファニーの指輪をそっと取り出す……**内心、この指輪のローンでボクも号泣してましたけどね（笑）**。でも、すべてのセルフ演出がピタッとハマりましたね。なんのかんの言って、自分が好きなんでしょうね、ボク。

この本を書いていたら、あらためて聴きたくなったので嫁はんに「あの時のMD、ちょっと出して」と言ったら**「あぁ、あれ。実家に置いてきたから、もうどこにあるかわからん」**と返ってきました。あんなに号泣していたし、一生の宝物にしているかと思いきや、この雑な扱いね（涙）。実家で義理のお兄さんとかに聴かれていたら、と思ったら、本当にゾッとしますけど、これでボクたちの結婚が決まりました。

素晴らしい学びを得た感動の結婚式

「この人と結婚したい！」という運命の出会いをしてから、ちょうど1年後の2004年2月14日にボクたちは入籍しました。

結婚式はちょっと遅れて、その年の6月に挙げました。

実は嫁はんのお母さんは結婚する2年ぐらい前にがんで亡くなっているんです。ボクが嫁はんと出会った時にはもう亡くなっていたので、ボクは義理のお母さんに会ったことがないんですね。

嫁はんは、「お母さんが自分の結婚式で着た赤いドレスをリメイクして、自分も結婚式で着たい」と希望しました。そうすることで亡くなったお母さんも参加できるわけです。そのドレスはお色直しの時に着ることになりました。

入場する時に司会の方から、亡くなったお母さんのドレスをリメイクし、着用していることをアナウンスしたので、その場にいた人は、みんな、そのことをわかっている。そして、それを受けて亡くなったお義母《かあ》さんのお友達が挨拶に立ちました。もう、挨拶を始めた時から感動して泣いているんです。

「あんた、ドレスだけでなく顔もそっくりよ、お母さんに。とっても素敵だわ。でもね、私はあなたのお母さんとずーっと長いこと付き合ってきたけれども、やっぱりお母さんのほうが綺麗なのよね」

え？　泣きながら話しているわけで、これはウケ狙いでもなんでもない。正直、ボクは高砂《たかさご》で聞きながら「ひゃーっ」と思いましたよ。「こういう時って、嘘でもいいから嫁はんを褒めるものなんじゃないの？」と。

でもね、ふと、嫁はんのほうを見ると、ものすごく喜んでいるんですよ。

「あぁ、やっぱりお母ちゃんは綺麗だったんだ。やっぱり、ウチのお母ちゃんは素敵やったんやね」と。

ちょっと、ビックリしました。

一瞬、失礼なようにも聞こえるけれど、逆説的な素晴らしい挨拶をするおばさまでした。ものスゴく奥深いトーク術を勉強させてもらいました。

もう、これって職業病なんですよ。どんな場にいても、他人のトークが気になってしまうんです。

その場がワッと盛り上がると「えっ、今、どこがそんなに面白かったんだろう？」と考察してしまうし、それこそ家でテレビを見ていても、最初はリラックスして楽しんでいたはずなのに、いつのまにか「このトーク、いったい誰がオトすんだろう」と気になって仕方なくなってくる。

まさか、その現象が自分の披露宴でも飛び出すとは……こればっかりはしゃべりを職業にした者が背負う「業《ごう》」なんでしょうね。

でも、結婚式には勉強になるポイントがたくさんあるので、ボクは好きです。自分とはまったく縁のない結婚式でのスピーチ映像がネットに上がっていると、喜んで見ていますから。言葉に心がこもっているからこそ、ボクたちが考えもしないような話術が飛び出してきて、本当に勉強になるんです。

さて、ボクたちの披露宴のクライマックスは嫁はんのお父さんの挨拶でした。

義理の父からしてみたら、数年前に自分の妻を亡くしたばかりになりますから、リメイクしたドレスを娘が着てきた時点で、もうグッときていたと思うんですけど、まずはそれを否定するところから挨拶が始まるんです。

「今日は絶対に泣かんとこうと思って、友達とも賭けてきたんですけど、今のところ、まだ泣いていません」

そう言うと、急に天井を見上げて「お母さん！」と呼びかけたんです。

「2年前に亡くなった天国のお母さん、今日、娘が無事に結婚しよったぞ！」

もう会場中が大号泣ですよ！

娘がリメイクしたドレスを着て、お義父《とう》さんがこの挨拶。

これだけで、亡くなったお義母さんは確実にあの場にいたんですよね。

本当に素晴らしい挨拶だと思いました。

アナウンサーだから、どうしてもしゃべりのテクニックを追求したくなってしまうけれど、本質はそういうところにあるんじゃないんだな、と。

想いを込めた言葉。

心を込めた言葉。

伝わる言葉って、つまり、そういうことなんですよ。

ボクはまだアナウンサー歴5年目ぐらいでしたけど、さいわいにも自分の披露宴でいろんな方の心のこもったスピーチを聞いて、そのことを学びました。

でも、オチもあります。当然、自分にも挨拶が回ってくるわけですよね。もちろん事前にしっかりと練りこんだ内容……のはずでしたが、**こんな素敵なスピーチのあとにマイクを渡されても、もうね、まったく誰にも響かない（涙）**。

しかも、なんで、あの流れで面白いことを言おうとしたのか……あれは大失敗でしたね。はい、自分のスベリも含めて学ぶことばかりでした。

生きていてくれれば、それでいい……長女の出産

結婚してから3年後の2007年6月には長女が産まれました。

これがもう超がつくほどの難産で、本当に大変だったんです。妊娠7か月目のある日、朝、起きたら布団がビショビショになっているではありませんか。

「おい、お前。これ、ひょっとしたら破水してるんじゃないのか？」

あわてて病院に行ったら、先生が「石井さん、もう産まれますよ。子宮が開いちゃってますから！」と告げられました。

そんなこと急に言われても！

「先生、まだ7か月ですよ。お腹の中で子どもは育っているんですか」と調べてもらったら「1000グラムぐらいです」と言われました。とにかく救急車で大きな病院にすぐに運んでもらって、翌日には帝王切開で出産しました。

産まれてみたら990グラム。

たしか7か月と14日目だったかな？　わかりやすく表現すると、ボックスティッシュぐらいの大きさしかない。本当に軽いんですよ。

無事に産まれてきたのはよかったんですけど、お医者さんからは健康面の不安について、いろんなことを言われました。

もちろん不安はありましたけど、もうね、そんなことどうでもよくなりました。

産まれてきてくれてありがとう。

だから、娘には「心」と名付けました。

よく子どもが産まれると、「とにかく健康であれば、それでいい」っていいますけど、この子の場合、「生きていてくれればそれでいいよ」と思いました。**体がどうなってしまっても、心さえ元気だったら、それでいいじゃないか**——そんな想いを込めて「心」という字を選んだんです。

産まれてからすぐ、移動式の保育器に入れられました。全身にいろんな管をつけられて、とにかくすぐに「NICU（新生児集中治療室）」という赤ちゃん用のICUに運ばないと危険だ、と判断されたためです。だから、産まれた当日は分娩室からNICUへ移動するあいだしか、ボクは子どもと対面することができませんでした。

分娩室からNICUまでつながる廊下はだいたい5メートルぐらいでしょうか。時間にして、移動には1分もかからない。

看護師さんから「お父さん、1分ぐらいしかないですけれども、しっかり見てあげてくださいね」と言われました。

一応、出産に合わせてビデオカメラを買ってあったんですが、娘がこんな大変な状況で産まれてきたのに、レンズ越しに初対面するのは違うよな、と思ったんです。たしかに看護師さんが言うように、自分のこの目でしっかりと見てあげなくちゃいけないんですよね、父親として。

そんな時、ウチのおかんが大阪から名古屋までやってきてくれました。

そこで、おかんにビデオカメラを託して、ボクは直接、我が子と対面することに。いくら機械が得意ではないおかんでも、最新型のカメラぐらいなら取り扱えるだろう、と思っていたからです。

「ええか、娘が分娩室から出てきたら、赤い録画ボタンを押して。それ以外はなんもしなくてええから、ひたすら娘にカメラを向けておいてくれ」

すると、本当にか細い泣き声が聞こえてきて、娘が分娩室から保育器に入れられて出てきました。

もうね、アナウンサーとしてどうかと思いますけど、あの時の感動は言葉にできません。か細い泣き声に小さな小さな体。でも、確実に生きているんです。ボクの目の前で娘はしっかりと生きている――なんか、もう、たまりませんでした。

この感動をちゃんと映像に残すことができてよかったなぁ、とおかんのほうをふと見ると、なんだか様子がおかしい。

「赤いボタンだけ押して」と言ったのに、どこか別のところもいじってしまったらしく、レンズが動いている……あぁ、これ、確実にズームしているわ（涙）。**慌ててカメラの液晶を見ると、もうピントがぶれぶれでなんにも映っていない**。

ボクも興奮しているから、おかんにブチ切れて「何してんねん！　赤だけ押せって言うたやろ！」と大きな声で怒鳴って、カメラを奪い取ると、急いでピントを合わせて、やっとピタッと決まったところで看護師さんが言いました。

「はい、ここまでです」

あの瞬間のことは、ボクがこの目でしっかりと見て、脳裏にくっきりと焼き付けているからいいんですけど、みっともないのは、この映像が残ってしまったことですよ。いや、正確に言えば、ちゃんとした映像はほんの数秒しか残っていなくて、あとはピンボケの動画のあとに、いきなりボクとおかんが親子ゲンカを始める「音声」がバッチリ残っている……我が子が初めて耳にした父親の声が、おかんとケンカをする怒声だった、というのが、なんとも恥ずかしい限りです。

次女の出産もまた波乱の連続

長女はその後、保育器の中で100日間、過ごしました。

嫁はんは毎日、母乳を絞って持っていき、ボクも仕事が終わったら、可能な限り、毎日、会いにいきました。

最初の頃は、本当に体中に管をつけられて、皮膚が見えているところがほとんどないぐらいの状況でした。ありがたいことに、今は元気に育ってくれましたけど、あの時は明日どうなっているかすらわからない状況がずっと続いて。そんなこともあって「この子は大事にしないといけない。そして、**いちばんつらい思いをしている嫁はんを、これまで以上に大事にしてあげないといけない**」という気持ちがものすごく強くなりました。

それから4年後、2人目の子どもが産まれるんですけど、これがまたしてもかなりの難産となってしまいました。

妊娠して6か月、7か月ぐらいになってくると「早産の危険性がある」とお医者さんに言われました。どうやら、もう嫁はんの体質みたいなんです。妊娠して、子どもが大きくなってくると、その重みで子宮が開いてしまう体質。

「先生、実は長女の出産の時に、こんなことがあったんですけど、今回は大丈夫でしょうか？」

「まだ子宮が開き切っていないので、今すぐに産まれるようなことはないけれど、とにかく大きな病院に入院してください」

すぐに大きな病院に行くと、こう告げられました。

「確実に赤ちゃんの重みに耐えられなくなるでしょう。それを防ぐには、とにかくずっと横になっているしかありません」

出産予定日までの3か月間、とにかく病院のベッドで横になる生活。

単なる入院とは違います。24時間、ずっと横になっていなくちゃいけない。食事中の方には申し訳ない話ですけど、トイレにも行けません。何かの拍子で産まれちゃうかもしれないから、寝たきり状態にしていないといけないんです。2~3日ならまだしも3か月間ですからね。これはもう想像を絶する苦労だったと思います。

迎えた妊娠9か月目。ついに嫁はんが音《ね》を上げました。

「あと1か月は耐えられそうにない。もうお腹の中で2500グラムまで育っているし、もう産みたい！」

体力的な問題以外にも、「上の子が自分に会えない」「お義母さんに預けっぱなしで申し訳ない」という、嫁はんらしい、周りを思いやる気持ちもあったようです。

ボクとしては「あと1か月やないか。もう少しだけ我慢したら、普通に産めるんだから、そこはがんばりぃや」となるんですけど、嫁はんは「いや、もうムリや」と言います。ボクは主治医の方に「ここはあと1か月、我慢したほうがいいですよね?」と相談したんですが、先生は「石井さん、奥さんがそう言っているんだったら、もう産ませてあげましょうよ」と言いました。

「今、奥さんがやっていることですけど、あれね、本当に大変なんですよ。一日24時間ずーっと横になっていると、1週間でおかしくなってしまう人も結構いるんですから。それをあなたの奥さんはもう2か月間もがんばったんです。泣きごとひとつ言わずにやってきた人が、もう耐えられないって言うことは、本当につらいんだと思います。石井さん、もうええやないですか」

先生のその言葉を聞いて、ボクはブワーッと泣きました。

「もっと嫁はんのことを大事にしよう」

長女が産まれた時に誓ったばかりなのに、ボクは全然、大事にできていなかった。嫁はんの苦労をなんにもわかってあげられなかった。限界が来るまで我慢してきたのに、それすらも気づいてあげられなかった。もう、すぐにでも楽にしてあげたい。

そして、残りの1か月を待たずに、帝王切開で次女は産まれました。

優しい子に育ってほしくて付けた名前は「優」。

長女の時よりは健康状態は良かったですけど、いろいろな危険性を指摘されました。でも、さいわいにも優も何事もなく、元気に成長してくれました。

ちなみに、この時も大阪からおかんが来てくれて、長女の世話をしてくれていたんですけど、そこでもまた大ゲンカをしました。

2か月間も嫁はんの入院が続いて、ボクもストレスが溜まっていたんでしょうね。ちょっとしたことで揉めて、つい、おかんに当たってしまって……そこで何十年も溜め込んでいた本音が爆発してしまったんですよ。

「子どもの頃から兄貴と弟のことばかりかわいがっていたやんけ！　ボクのことなんかどうでもよかったんやろ‼」

こんなこと、親に絶対、言ったらいけないんですよ。おかんも「そんなことは絶対にないから！」と全力で否定してくれて……嫁はんはあんなにがんばってくれているのに、ボクはいつまで経っても子どものままだな、と猛省しました。そんな自分にいつも寄り添ってくれる母親の強さにも感謝しきりです。

上岡龍太郎さんの弔辞にはすべてが詰まっている

話はガラリと変わります。ボクが友近さんの紹介でフジテレビの『うもれびと』に出演させていただいた際に披露したのが、横山ノックさんが亡くなった時の上岡龍太郎さんの弔辞の完コピです。

当時、大阪の『ちちんぷいぷい』という番組が、その様子をノーカットで流したんですよね。それを録画して、繰り返して見ているうちに完コピしてしまいました。ちょうど5分ぐらいの尺なんですけど、もうね、**上岡龍太郎さんの弔辞には、しゃべりに大事なものがすべて詰まっているんです**。

しゃべりのテンポ、間、構成。どれもこれも素晴らしくて、これを勉強して、体に染み込ませたら、自分も少しは上手いトークができるようになるんじゃないか……と思って、覚えたのがきっかけです。『うもれびと』では、そこから派生して中居さんや友近さんが亡くなったら、と仮定して、架空の弔辞を詠ませてもらいました。

ボクは新人アナウンサーにも言うんですけど、**しゃべりに限らず、素晴らしい人のマネをすることは本当に大事だと思うんです**。放送人ならテレビを見て、ラジオを聴く。これ以上のテキストはありませんし、生放送なんてものはすべてを編集ナシで見られるんですから、本当に見ないと損だよ、と。

でも、最近の若い人はなかなかそれをしません。「時代が変わった」と言われればそれまでなんですが、アナウンサーとして「もっとしゃべりを極めよう！」という気概を持った人に出てきてほしいし、イケメンだからとかじゃなくて「しゃべりが好きだから」という人に、もっともっとアナウンサーを志望してきてもらいたいです。こうるさい話ですいません。イケメンのくだりはやっかみだと思ってください（汗）。

勉強といえば、JNN系列では毎年、系列局の1年目のアナウンサーを集めて研修をするんです。2泊3日ぐらいの日程で、講師として落語家や構成作家の先生がやってきて、しゃべりについて、たっぷり話をしてくださる。

ボクの後輩が研修に行った時は、最終日に有名な作家さんがやってきて「君たちはこの3日間でたくさんのことを学んだと思います。私の授業ではそれがすべて詰まった映像を見てもらおうと思います。5分で終わるので、みんなで見てください」と。そして、**モニターに流れたのが、例の上岡龍太郎さんの弔辞だったそうです**。

あぁ、やっぱりボクが感じていたことは間違いじゃなかったんだ、と。完コピしている今でも、繰り返し見てしまいます。

人気アナウンサーランキングに入りたい！

『ゴゴスマ』が東京でも放送されるようになって、おかげさまで顔と名前をたくさんの方に知っていただくことができました。

こうなると、人間、欲が出てきます。ボクの目標というか、ちょっとした夢なんですが、毎年、オリコンさんが「好きなアナウンサー」のランキングを発表していますよね？　ぜひ、あれにランクインしてみたいんですよ。

男性ではずっと日本テレビの桝《ます》太一くんが1位の座についていて、一昨年、ついに殿堂入り。大本命がいなくなって、「ちょっとチャンスかな」とうっすら期待したんですけど、昨年もベスト10に名前が挙がっていませんでした。

女性でも日本テレビの水卜麻美《みうらあさみ》アナが昨年、殿堂入りしていますが、こういう調査やアンケートって、どうしても東京のアナウンサーが強くなる。それはもう仕方のないことなんですけど、だからこそ入ってみたいんです。

そこはもう「地方局の意地」！

すべて東京のキー局のアナウンサーばかりで固められたランキングに、いきなり地

方局のアナウンサーの名前が入ってきたら痛快じゃないですか⁉

地方局のコンプレックス丸出しですけど、東京でも『ゴゴスマ』が放送されるようになって、もう4年目。視聴率も上昇機運で推移しているわけで、もうそろそろ……という欲が出てきた次第です。

ちなみに、今年の6月に『週刊文春』さんが発表した「好きな男子アナベスト20」では、10位に入っていました！

この結果は、ボクにとっては大きな励みになりました！

オリコン・ランキングの話ですが、もちろん1位になれるとは思っていません。そこまで欲深くないですからね、ボクは。

と強がってはいますが、自分の中では毎年「あぁ、今年も11位だったかぁ～」と心の整理……というか、自分を慰めています。

オリコンさんのランキングって11位以下は発表されないので、**「きっと11位だったに違いない！」**と。あぁ、悲しい。

いったいどうやって調査しているかわからないんですけど、もし、投票する機会がありましたら石井亮次に清き一票をよろしくお願いいたします！

貯金よりも大切な子どもたちの「未来の思い出」

もう40歳を過ぎて、子どもも2人いて、本当だったら10年後、20年後を見据えて、しっかりと貯金をしておかないといけないんですけど、笑っちゃうほど貯金がないんですよね、ボク。

別に浪費癖があるとか、贅沢三昧をしているとかいうわけじゃないんです。金のかかるような趣味もないですしね。

一時期、ゴルフをやっていたんですけど、キッパリとやめました。ゴルフはとても楽しいんですが、道具にかかるお金もバカにならないし、コースに出れば、毎週、1万5000円とか2万円とか使うでしょ？　このお金、自分だけで楽しむゴルフに使うんじゃなくて、今は家族のために使ったほうがいいな、と。

それにゴルフをやめれば、土日も体が空きます。その時間で子どもたちとたくさん遊んであげたほうがいいはずです。

何か特別なことをするわけでもないんです。朝から一緒に自転車に乗って出かけたりとか、普通のパパがやっていることと同じ。日曜の夜になると、どうしても翌日の番組のことを考えちゃうので、ちょっと罪悪感もあるんですけどね。

長女も小5になって、こうやって遊べるのも今のうちだけだろうな、とも思います。**めいっぱい遊んであげることが、この子たちにとって「未来の思い出」になる**わけで、そこはちゃんとしてあげなくちゃな、と。

単純なのかもしれないですけど、毎年、思うんですよ。

「小4の1年は、一生でこの1年しかない」

「小5の1年は、一生でこの1年しかない」

だったら、この1年を楽しんだほうがいい。

10年後のために100万円を貯金するんだったら、この1年を楽しく遊ぶためにお金を使ったほうがいい、という考え方になって、結果、本当にお金が貯まらない（涙）。

そうはいっても、性格的にドカーンと散財はできないんですよ。今日はレストランでご飯を食べよう、となっても「夜、食べに行くと高くつくし、朝食べたほうが太りにくいから」とか、いくつも理由をつけて、みんなで朝食をレストランで食べて、ちょっとした贅沢気分を味わうぐらいの話。

まぁ、父親としてこんなんでいいのかなぁ、とも思ったりもするんですけど、今は貯金に励むよりも、子どもたちとの時間を大切にしたいのです。

ひとりにさせてあげることが「嫁孝行」!

家族サービスの話が続きますが、情けないことに、ボクは今までちょっと勘違いをしてたんですよね。

平日は忙しいから、週末はずっと家族といてあげよう、と。ただ、ある女性の方に「それは違うんじゃないの?」と指摘されたんですね。

「子どもに対してはそれでいい。でも、奥さんは必ずしも、それを望んではいないし、時にはひとりにしてあげることも大事なんだよ」

たしかに男はなんだかんだでひとりになることができる。

でも、女性は、特に専業主婦になると、常に家のことに追われ、家族と過ごしているから、なかなかひとりになれない。なるほどなぁ、と膝を打ちました。

これって、世の男性が結構、勘違いしている部分かもしれませんよね。

週末の度に張り切って、あちこち連れ回して、「俺はいい夫だ!」と思い込んでいたけれど、嫁はんは疲れるだけだったりする。

その話を聞いてから、ボクが子どもと一緒に遊びにいって、嫁はんには「たまには家でゆっくりしとき」とひとりになれる時間を作ってあげようと心がけるようになりました。

主婦が抱えるストレスというものを、男はなかなか理解できないし、このやり方が本当に正解なのかもわかりませんけど、ボクなりの「嫁孝行」です。

ただね、たまにはデートもするんです。

上の子が大きくなって留守番を任せられるようになってきたので、じゃあ、ふたりで買い物でも行こうか、と。

その時にね、あえて一緒に出掛けないんです。どっちかが先に出て、名古屋だったら「じゃあ、栄《さかえ》の三越前で待ち合わせね」といった感じ。

ボクが先に行って待っていると、嫁はんが向こうからやってくる。

ちょっとおしゃれをして、ちょっと照れながら。

なんかね、初デートの時を思い出すんですよ。

車で迎えにいったら、助手席に乗るまでちょっと照れながら「こんな服を着てきちゃったんだけど、どう？」みたいな、ね。

あぁ、そんな時代もあったな、と新鮮な気持ちになれるのも大きいんです。ちょっとマンネリ気味のご夫婦に、これ、オススメです。

石井家に伝わる「4つの家訓」

ボクは父親として、子どもたちには「この4つだけはわかっておいてね」と伝えていることがあります。小5の長女にも、小1の次女にも筆で書かせて、部屋に貼らせてある、いわば石井家の「家訓」みたいなものです。

1・挨拶はちゃんとする

これはもうすべての基本ですよね。挨拶からすべてが始まるわけで、大人でも子どもでも、挨拶ができない人はいけません。たとえばご飯の時も、「いただきます」「ごちそうさまでした」って言えたら、お互いに気持ちいいじゃないですか。我が家でも、子どものうちから、ちゃんと身につけてほしいんです。極端な話、もうこれだけ守ってくれていれば、それでOKなんです。

2・パパとママは絶対に味方

家訓というか、これはもう信頼関係の構築ですよね。何があっても味方だから、安心していてね、と。

3・人の嫌がることはしない

常識の範疇《はんちゅう》ですけど、子どもはつい忘れがちになるもの。自分ではそうは思っていなくても、相手にとっては「嫌なこと」になっている行為もあるので、そういうところまで気を遣えるようになりなさい、という話です。

4・愚痴と自慢は家でだけ！

これについては自戒を込めて、ですよね。

さっきの話にもつながりますけど、外で愚痴を言うと、それを聞いている人が嫌な気持ちになるかもしれない。自慢話なんて、まさにそうですよね。外で言ったって、得することは何ひとつないですから。でも、家でだったら、いくらでも言っていいよ、と。全部、パパとママが聞いてあげるから、と。ボクはアナウンサーでしゃべるのが仕事だけど、その前に「聞き上手」でなくちゃいけません。だから、子どもの話だけでなく、嫁はんの話も一生懸命、聞いてあげるようにしています。

これが子どもに伝えている「石井家の4つの家訓」です。ちなみに4つ目の家訓は、先輩の若狭敬一《わかさけいいち》アナの受け売りです（笑）。

最初で最後のフルマラソン挑戦

ボク、一度だけフルマラソンに挑戦したことがあります。別に日頃から走ったりしているわけじゃないんですが、これがもう単純な話で、24時間テレビに感動して「あぁ、ボクもフルマラソン、走ってみたい！」と刺激を受けたんですね。

それが8月のこと。なんとなく自分の中の感覚で「半年間、練習すればなんとかなるやろ」と。ひたすらに適当な見込みですけど、半年後に出場できる大会はないか、とネットで探していたら、石川県の能登《のと》マラソンが3月にあるではないですか！　もう「これだ！」と即決して、すぐにエントリーしました。

しかも、当時、担当していたラジオ番組で「ボク、マラソン大会に出ます！」と宣言した上で「絶対に5時間を切ります」と約束までしてしまった。自分で自分にプレッシャーをかけるというか、そこまで追い込まないとムリですよね、フルマラソンなんて。当然、レースが終わったらリスナーの皆さんに報告しなくちゃいけないわけで、それを念頭に置いて、半年間、コツコツと練習に励みました。

いやぁ、ただの思い付きとはいえ、体験してみるもんですね。よく「沿道の声援が力になった」と言いますけど、それをリアルに体感できました。

この大会って『ゴゴスマ』がスタートする前の月だったし、石川県の方は、誰もボクのことなんて知らないわけです。それでも苦しそうな顔をして走っていると、いや、本当にしんどくてもうダメだと心が折れかけた状況で走っていたんですけど、**沿道の方から「がんばって！」と声をかけられると「そうだよ、がんばらないと！」と思えるんですね**。

その方たちはボクのことも知らないし、ボクだって初めて顔を見る方ばかり。しかも、そこを走り抜けたら、おそらく、もう会うことはないでしょう。それでも声援がものすごい力になる。「あぁ、これがよく聞くあの感覚なんだ」と。それを体感することができただけでも、挑戦して本当によかったです。

ただ、最後にスタミナが切れちゃって、もう5時間を切るのは難しいかな、と思っていたら、ゴールまであと500メートルのところで家族が待っていてくれました。上の子はまだ5歳ぐらいだったんですけど、沿道で並走してくれた。でもボクの血を引いているからか、途中でコケてうわーんと泣く。でもね、**そんな家族の姿が力になって、動かないはずの足が動いてくれて、終わってみたらタイムは4時間59分16秒！**

嘘みたいでしょ⁉　でも、あんなにしんどいことはもう二度とやりません！

『陸王』の最終回でやらかしちゃいました

マラソンの話で思い出しましたけど、ボク、あの大ヒットドラマ『陸王』に出させてもらったんです。しかも最終回のクライマックスシーン！　陸王を履いて優勝した竹内涼真《りょうま》さんにヒーローインタビューをする「インタビュアー」役です。

まぁ、普段やっている仕事だから、なんとかなると思うじゃないですか？

それがもう、なんともなりませんでしたね。

インタビューのシーンはなんとか乗り切ったんですけど、竹内涼真さんが「この陸王が支えてくれました」と答えると、ボクが「えっ、陸王？」とリアクションをする。つまり、陸王がなんのことかわからないから、キョトンとする演技です。まぁ、それがひどい大根役者ぶりでね。しかもボクの顔がワンショットで抜かれる……**3か月間、ジワジワと盛り上げてきた物語の最後の最後にボクがやらかしてしまいました。**

翌週、スタジオにやってきた東国原さんに「毎週、楽しみにしていたのに、なんてことしてくれたんだ、君は。かつ丼を食べながら見ていたんだけど、思わず吹き出したよ！」とクレームをいただきました。たしかにおっしゃる通りです。いくらアナウンサーの役だといっても、役者としてはど素人ですから。完全に場違いでした（涙）。

でも学びもあって、役者さんのスゴさを間近で見て、圧倒されました。ドラマって同じシーンを違う角度から何度も撮るんですけど、竹内さん、毎回、泣くんです。しかも、背中しか映っていない角度の撮影の時でもちゃんと泣く。さすがに「竹内さん、それ映ってないじゃないですか？」と聞いたら、「目の前では役所広司さんや阿川佐和子さんが感動している演技をしている。だから、そのお芝居に合わせてボクも泣くんです」と。スゴいなぁ、こういう人だから売れるんだなぁ、と感心しました。

そうそう、ボク、大学生の時に映画にも出ているんです。沢田研二さんと田中裕子さんが漫才師役を演じた『大阪物語』という作品で、池脇千鶴さんのデビュー作ですね。浜村淳《じゅん》さんのラジオでエキストラ募集をしていて、すぐに応募しました。自分で言うのもなんですけど、ボクって昔から引っ込み思案なくせに目立ちたがり屋なんですよ。緊張しいのくせに目立ちたがる。

撮影は池脇千鶴さんと田中裕子さんがお参りに来るシーンで、その時に境内《けいだい》にいる群衆のひとりという役。それがたまたまいいポジションが取れて、ボク、バッチリ映ってるんです。一応、これでも〝銀幕デビュー〟でしょ？　近所のレンタルビデオ屋が潰れる時にＶＨＳのソフトを安く買い取って、今でも手元に残してあります。

プライドなんていりません！

人前に出る仕事をしている方なら、皆さん、少なからずプライドみたいなものがあると思います。でも、ボクにはそれがまったくない。

この本の最初のほうでも書きましたけど、家業のガソリンスタンドを手伝っている時に、親父から「何かあったら謝っておけ。謝るのはタダや」と教え込まれていますから、ボクの人生、そもそもプライドを捨てるところから始まっているんです。

その後もプライドを持つきっかけはありませんでした。

大学受験をしていたら「俺はこんなに努力して賢くなったんや」と、少しはプライドみたいなものも生まれたんでしょうけど、ボクは中学からエスカレーター式で大学まで行っちゃったので、プライドの持ちようがない。

まさに「ノープライド」。

でも、ボクはそれでいいと思っています。

プライドを持つ理由もないし、プライドがないからこそ、いろんな仕事をなんでもやりますよ、と引き受けられる。仕事に優劣なんてありませんからね。**つまらないプ**

ライドで選《よ》り好《ごの》みしていたら、逆にもったいないです。

本当は「ボクはプライドがないから、知ったかぶりはしませんよ！」と声を大にして言いたいところなんですけど、悲しいかな、知ったかぶりだけはやってしまうんですね。話の流れを止めたくない時などに、ついつい「そうですよねぇ～」と。生放送を回している人間の悲しい性《さが》ですよね、これは。

ただ、基本的に「知らんことは知らん」というスタンスは大事にしていこうと思います。知らないから、コメンテーターの方に教えてもらう。そこで勉強をさせてもらって、次はもうちょっとレベルの高い「知らんこと」を教えてもらえるようになる。結果、視聴者の方々に「『ゴゴスマ』っていう番組はわかりやすいね！」と言っていただければ嬉しいなと思っています。

ただ、知ったかぶりはしないけど、発言を恐れるようにはなりたくない。

だから、常に「いらんことを言う」存在ではありたいんです。

知らんことは言わんけど、いらんことは言う男。

ダジャレみたいなフレーズですけど、それこそプライドなんかあったらできませんから、これからもノープライドでやっていきます！

最後はやっぱり大阪で！

早いもので名古屋のテレビ局に就職してから、もう18年の月日が経ちます。名古屋で結婚して、名古屋で家庭を築いて、すっかり名古屋人になりましたけど、「やっぱり最後は故郷の大阪に戻りたいな」という想いは正直あります。

と言っても、まだまだ先の話ですけどね。

しゃべり手としては、ボクの面接官でもあり、大先輩でもある多田しげおさんのように、「いつか月曜日から金曜日までのラジオ番組をやれるようになったらな」という願望もあります。でも、今のボクのスキルではムリもムリ。多田さんは本当にスゴい技術をお持ちですから。

テレビでは一応、月曜日から金曜日までの帯でMCをやらせていただいていますけど、ニュースは向こうからやってくるし、それをどう噛み砕いて、いかにわかりやすく伝えるか、という部分での闘いになります。知識の蓄積はできるかもしれませんが、それだけではラジオの帯番組は務まりません。

毎日、オープニングは10分間のフリートーク。

しかも、お題は身の周りであったこと。

ボクらは「トランプ大統領が……」とか「北朝鮮が……」という話から入りますけど、**ラジオのパーソナリティーの方は半径100メートルの世界で勝負している**。それも毎日です。毎日、宿題を出されて、それをオープニングで飽きられることなくしゃべっているようなものですから、本当に素晴らしいスキルです。

だから、ボクにとって、すべてのメディアを含む放送人の中でいちばん偉い人は「ラジオで月曜日から金曜日までの帯番組を持っていて、オープニングで身の周りのことを話している人」になるんです。

ひたすら憧れますね。もっともっと腕を磨いていつかはやってみたいです。

理想を言えば、ボクも全国的に知ってもらえるようなアナウンサーになって、それこそ誰もが知っている人気者になれたとしたら、そうですね、定年後に大阪に帰って、晩年は故郷で過ごしたいですね。

名古屋から、全国へ。全国から、大阪へ。

最後に帯番組を持って「いやぁ、昨日、こんなことがありましてん」としゃべっていられたら……ずっと先の夢物語ですけど、その夢を叶えられるように、今は日々、精進しなくちゃいけないなという思いで『ゴゴスマ』のスタジオに立っています。

ゴゴスマの石井亮次ができるまで写真館

熱心に勉強…しているフリですね。
あとで大変な目に遭います（涙）

晴れて中学に
入学した時の1枚。
兄貴も弟も同じ学校でした
（しかも大学まで）

阪神タイガースが大好きなのに、
中学時代はサッカー部に所属

実家のガソリンスタンドでアルバイト中。
この時は父親の跡を継ぐ気でした

成人式の時の
記念写真なんですが、
服のセンスが…（涙）

就職活動用にビシッと。
休学を経て夢のアナウンサーに！

コラム 石井アナの素顔大公開

岡《おか》田《だ》 圭《けい》右《すけ》

ますだおかだ

芸人ならではの「笑い」の視点で〝MC石井亮次〟と『ゴゴスマ』を語る

石井くんの言葉の中で出演者たちは気持ち良く話せる

いや、石井くん、本を出すなんてスゴいですねぇ〜。それだけ『ゴゴスマ』の人気もスゴいってことでしょうね。番組の人気の秘密というのは、やっぱり石井くんの存在……**厳密に言えば石井アナウンサーの存在、でしょうね。**本来、しっかりと決められた時間、決められた言葉、決められた文字数で収めるのがアナウンサーたるものなんでしょうが、石井くんはそれプラスね、いい意味での〝遊び〟があるんです。車のハンドルでいったら〝重ステ〟。つまり石井くんの言葉の中にそういう遊びがある。そこは言葉を仕事にしているという部分で、やっぱりわれわれ芸人にも相通ずるものはあると思うんです。あと、芸人の気持ちをわかってくれるアナウンサーのひとりじゃないでしょうか。育ちが関西ですから、芸人たちをある意味、リスペクトしてくれてるという部分は彼の中にあると思います。そういった意味での話

岡田 圭右（ますだおかだ） 1968年、大阪府生まれ。第2回M-1グランプリで優勝。一発ギャグを披露し、すべることで笑いをとる"すべり芸"が人気のお笑い芸人。バラエティ番組はもちろん、情報番組ではMCを務める等、さまざまな番組で幅広く活躍中。『ゴゴスマ』では火曜日レギュラーとして出演し、石井アナとの軽快な掛け合いで番組を盛り上げている。

しやすさはありますね。

石井くんは『ゴゴスマ』のMCであり監督でもある！

ただ、『ゴゴスマ』は政治も扱うので、当然、堅い話題も多くなりがちです。普通だったらね、そのコーナーは堅いままでいいんでしょうけど、石井くんは関西人の血が騒ぐんでしょうね。「ちょっと笑い欲しいな」「笑えるオチが欲しいな」という時に、こっちにアイコンタクトで投げ掛けてくるんです（笑）。ただこれは彼の優しさでもあって、堅い話題の日は芸人にはほとんどしゃべるチャンスがない時も当然ある……**そんな時に〝遊びという優しさ〟で振ってくれるんですよね。**あと、ボクの話になってしまうんですが、バラエティでMCを張る時もあれば、ひな壇のゲストやクイズ番組のパネラーとして声をかけていただくこともあります。それぞれ求められる役割は違うんですが、MCとは言うたら監督ですから、ゲストやパネラーをどういうふうに動かすか考えないといけない。例えば、この人はピッチャーで、あの人はオレの球を受けるキャッチャーだな、というふうにいろんなポジションに付けるわけです。『ゴゴスマ』で言えば、監督である石井くんがボクに柔らかい部分を求めるならば、「その思いに応えなければ！」と感じるわけです。そういう意味でも、やっぱり石井くんのMCとしてのスキルはかなり高いと思いますよ。

ボクも日本テレビさんの『PON！』という情報番組でMCをやっていますが、放送エリアが広い番組ですから、「百貨店」

というイメージでしょうか。一方、『ゴゴスマ』はというと、百貨店といえば百貨店ですけど、上の階で名古屋の物産展を開いてるみたいな（笑）。名古屋のローカルネタもしっかり扱っているし、まさに遊びがあって、楽しさがちゃんとあるぞ、と。そこもこの番組の魅力でしょうね。

オンリーワンであるために「ローカル臭」を武器にすべし！

そう言えば、ワニブックスさんからは、「石井アナへのダメ出し」をお願いされていました。

うーん、ちょっと真面目になっちゃいますけど、なんの世界でもそうなんですけど、器用過ぎるのが逆に欠点になりますよね。これって、お笑いにも通じるんですが、「器用過ぎるとオンリーワンに見えない」というか。やっぱり「オンリーワンが芸能界では強い」んですよね。具体的に言えば、レギュラー出演の芸人さんが休んだ、と。そんな時に、「あの人がいなければ！」と思わせるオンリーワンがやっぱり強いんですよね。ボクはアナウンサーのことは詳しく語れませんけど、個性あるフリーの方も多いじゃないですか。もし、勝ち抜こうと思えば、われわれ芸人もそうですけど、**やっぱりオンリーワンにならなければいけないんだと思いますね**。たとえば『ミヤネ屋』の宮根（誠司）さんや、『グッディ！』の安藤（優子）さんのように、休むと視聴率が下がっちゃう、みたいな……おふたりはオンリーワンだと思います。石井くんの場合は、非常に素晴らしいMCで、笑いとか知識とかいいもんをたくさん持ってるから、どこでどの武器が一番輝くかが大切、なんじゃないでしょうか。だからダメ出しというか、そこの中で石井くん……ボクはもう思い切って、ダサいままでいてほしい！　だって今さらスタイリッシュに行こういうのは無理でしょう（笑）。だからこそ、石井くんにはいい意味で、なんか飾らない関西の兄ちゃんというか、ダサ兄ちゃんであってほしい……もっと言えば、**〝ローカル臭〟ってすごい武器やと思うんですね！**　これって、東京出身の方には出せない武器ですから。だから、そのローカル臭、ひょっとしたらマイナスに取られるワードかもしれませんけど、それは絶対に武器になりますから！

　ボクも、はっきり言うて、自分の本意ではないですけど、〝すべり芸〟とか、芸人にとっては完全にマイナス的な要素が武器になってますから（笑）。これってね、本意ではないですよ、本当は。これはもう毎回言うんです。自分は、相方の増田くんにこの世界に誘われて入ったわけで、自分の中ではおもろいと思って言ってるのがまあ、ウケない、まあウケない、ほんでまあウケない(笑)。これを何遍も何遍も重ねて、結果、なぜかそういうのが逆に〝らし

さ〟になって武器になったというね。だから、マイナスを逆に武器に変える――さっき言うた、いい意味でのローカル臭を武器にして、オンリーワンになってほしいです！

『ゴゴスマ』名物の〝緊張と緩和〟に注目してください！

この本を読んでくださっている皆さんは『ゴゴスマ』を見てる方が結構多いでしょうけど、まだそんなにっていう方もいると思います。そんな皆さんに番組のPRをするならば、どうしても堅い話題も多いんですけど、「笑い」にも注目してほしいですね。**お笑いっていうのはね、〝緊張と緩和〟なんですよ。**まさにこの番組というのは、扱う話題に緊張感があり、たまに緩和がある――これがね、落語の世界でもそうなんですけど、緊張感があって、そこを外した時に緩和があって、笑いがドカンって生まれる――石井監督の指揮のもとで、その緩和の部分、そこをちょっと見ていただきたいなと思いますね。

あと、ほかの現場にはないこの岡田の決死の覚悟のボケ。ここもぜひ注目いただきたいですね（笑）。

心の中ではずっとボケたいと思うんですけど、話題が話題なんでなかなかボケられない。ただ、虎視眈々とボケようとしてる、その芸人としてのプライドに注目してください！

ゴゴスマの石井亮次ができるまで写真館

嫁はんと
交際中に
ディズニー
ランドにて

こちらは結婚式から。
お義父さんのスピーチに号泣！

新婚時代に大阪の実家にて。
その後、ふたりの子どもが誕生

対談

『ねえさん、敢えてダメ出しお願いします!』

友近さん×石井亮次アナ

『ゴゴスマ』おなじみのふたりですが、石井アナを世に送り出したのは友近さん!
そんな友近さんだからこそ知っているいる石井アナのいいところダメなところ、
対談でたっぷりと教えてもらいました!

石井　今回、ボク、初めて本を出すんですけど、なんか自分にいい話しか書いていないような気がして、ちょっと不安なんですよ。

友近　自分にいい話?

石井　なんか「ボクってすごいだろう」みたいな感じになっているような気がして……なので、この対談ではちょっと厳しい話も織り込んでいただけたら、と。というのも、今のボクは友近さんがいなかったら

友近　1973年、愛媛県生まれ。多彩なキャラクターを演じる芸風と巧みな話術などが親しまれ、幅広い層から人気。石井アナとは『なるほどプレゼンター!花咲かタイムズ』(CBC)で共演したことをきっかけに親交を深める。友近が演じる「水谷千重子」のディナーショーが名古屋で開催される際には、石井アナが司会を務めるほどの間柄。『ゴゴスマ』では火曜日レギュラーとして出演中。

存在していないので。

友近　おっ、やっと言ってくれたか（笑）。ありがたいですね、そんな風に言っていただいて。

石井　いや、もう本当にボクの「人生の曲がり角」には常に友近さんがいてくれて、いい方向へと導いていただいたので。出会いは『花咲かタイムズ』ですかね？

友近　そうだね。その時の印象っていうのが「ボクはお笑いが好きなんだ！」という気持ちが、この人の中にあるんだろうな、と。それでね「そんじょそこらのお笑い芸人では俺、笑わんで」みたいなことを思っていそうな人かな、という印象（笑）。

石井　いやぁ、それは誤解もかなり入ってますよ（苦笑）。

友近　いや、でも、それはまだちゃんとしゃべっていないのに、私が勝手にそう思った、というだけのことだから。私、いつも厳しめに人を見ちゃうからね。ただ、面白い人にだいたい共通している空気があるんですよ。「自分は面白い。それは相手が芸人であろうが揺るがない」みたいな。それを持ってる人っぽいな、というのが第一印象ですよ。

石井　いやいや（照）。

友近　お笑い番組の司会もやってたし、いろんな芸人とも接してきているから、お笑いに関わっている時間も長いだろうし、アナウンサーだけれども、ちょっとした自信はあったんだろうな、と。その印象がどこから変わったんだろう？　やっぱり、ご飯とか行き出してからかな？

石井　そうですね。カラオケに誘っていただいた時に、友近さんが歌う前にイントロの部分で『歌は世につれ、世は歌につれ』みたいな前口上をちょろちょろやっていたら、友近さんに「あんた、なんやねん。そんな芸、持ってるの？」と。

友近　そうだ、そうだ。あっ、本当に面白い子やったんや、と（笑）。だから「そんじょそこらの芸人では笑わん」の空気が出てたのよ。あなたはそんなことを思っていなかったとしても、空気は出ちゃうから。でもね、本当に面白い人だったら、そう思っていてもいいかもな、と思わせるぐらいの面白さは持っていたってことですよ。

石井　ボクは友近さんの印象って『ミナミの帝王』の竹井みどりさんのモノマネだったんですよ。ボクも『ミナミの帝王』が大好きなので。だから好きなもの、好きな空気感は一緒なんだろうな、と勝手に思ってました。だから「この人に認められたい！」というのがどこかにあって。そんな思いからカラオケで『歌は世につれ、世は歌につれ。隣のじいさん、ポチをつれ。それでは友近さんに歌っていただきましょう！』みたいなことをやってみたり、ほかにも小出しにしていったんですよ（笑）。

友近　だからね、普通のアナウンサーでも面白い方はいるんだけど、その「面白さ」とは、また違うなって。どこかひねくれたというか、どこか卑屈だったというか。

石井　そう、卑屈なんですよ……。
友近　でもね、卑屈さから出るパワーって
スゴいんですよ。そういうところも芸人に
近い。それが早い段階でわかったから、ご
飯に行く時も、もっといろいろ話を聞きた
いな、と。
石井　一時期、ご飯に行きすぎて中京スポ
ーツに「名古屋のアナウンサーと交際して
いる」って書かれたじゃないですか（笑）？
友近　あれ、別のアナウンサーのことだと
思うわ。あなたとご飯に行っていた時と、

「友近さんと出会った頃は、
100のうち0しか
出せていませんでした」

ちょっと時期が違ったから。

石井　あぁ、そうでしたか。勝手に勘違いしていました（苦笑）。

友近　でも『花咲かタイムズ』の時は、名古屋に前乗りしては、みんなとご飯に行ってたね。

石井　東MAXさんたちも一緒に！

友近　そういう席で話しているとね、面白いアナウンサーはたくさんいるけど、その中で「ふざけ具合」がいちばん面白いアナウンサーなんだなって。

石井　ふざけ具合（笑）！　まさに、ボクには深さはないんですよ。浅く、早く、薄く、で。

友近　そう言いながらあるんですよ、やっぱり。それは地頭がいいから。浅く、薄くっていうけれど、ウチらからしたら「うわぁ、深いとこ知ってんな」と思うし。『ゴゴスマ』でもね、難しいニュースをやったあとに、（CM中に）すぐ私と岡田さんのところに来て、ふざけたこと言いよる（笑）。ほんで、ギリギリまでふざけていたのに、また難しいニュースに戻るから、「スゴいな、この人！」って。あの切り替えは本当にスゴい。

石井　いや、それはもう世界情勢のニュースの時に、友近さんや岡田さんが「おもろない」みたいな顔をされているから、この時間を楽しんでいただきたいな、と思って。

友近　おもろない、じゃないの。難しいの。本当はもっとしゃべりたいけど、そういうニュースだけ発言でけへんもん。それをちゃんと回してるでしょ？　そこはちょっと嫉妬ですよ。ふざけたこともできるのに、回しもできる。悔しいね。「私もこういう才能を持ってたらな」って。芸人がメインだけど、こっちの知識も持っていたら、もっといろんな幅が出て、ニュース番組とかもできる人になれるやろうな、と。

石井　そこはボクらからしたら逆なんですよ！　テレビに出ている芸人さんって本当にピラミッドの頂点じゃないですか⁉　たくさんいる芸人さんの中でも上の1%の方たち。ボクらアナウンサーは、入社したら、すぐにそこに入れてもらえてるんで、芸人さんにはもう尊敬しかないんですよ。そこはもう調子乗ったらアカンな、と思いながらやっていますよ。

友近　なるほどな。だから、ちょっと慎重に行き過ぎる部分がある。まぁ、この世界は好感度の世界やから「これ言うたら、好感度下がるやろうな」で、言いたいことが言えてないような気がする。

石井　そうですね。まだ100のうち20ぐらいしか出せていない気がします。でも、友近さんと出会った頃は、100のうち0でしたから。

友近　そうよね。あとね、『ゴゴスマ』は石井くんがMCなんやから、もっと言ってもいいのになって。たとえばね、スタッフさんがミスをした時に、誰も注意をしない。そこはMCが言わなあかんのよ。私がMCやったら、すぐ言うから。

石井　厳しいご指摘ありがとうございます。そうですね、優しすぎるかもしれません。

友近　こっちは人の番組に呼ばれている時は、それを言うのは嫌やから黙っておこうとなる。やっと石井くんが言った、と思ったら「ちょっと恐れ入ります」って頭に付けた

「あなたは『芸人をいちばん面白くしてくれるアナウンサー』だと思う！」

のね。いやいや、そこは「恐れ入ります」はいらんやろ、と。

石井　いや、本当はそうなんですよね……。これはもうボクが優しいとかそんなんじゃなく、嫌われたくない、その一心なんですよ。

友近　でも、みんな、そうよ。だから、私みたいな考えの人が逆に目立つねん。生本番でも結構、リスクを背負ったこと言ったりな。でも、「それをわかってくれないスタッフさんとは別に仕事せんでもええかな」って、自分の中で思っているから言える。デリカシーのあるスタッフさん、常識のあ

るスタッフさんはその意図をちゃんとくんでくれるからね、そういう人とは仕事をしていきたい。これはデビューの頃から決めて、ずっとやってきた。だからね、私、結構、強いと思うわ、生き方。なかなかマネできないんだと思う。なんちゃって（笑）。

石井　いや、実際強いですよ！　ボクなんか絶対にできない。もう人類みな兄弟でやってますから。本当にスタッフみな兄弟。

友近　笹川（良一）会長か（笑）！　でも、そのほうがしやすいんやったら、それでいい。ただ、ゲストさんがいる時とかだけは、やっぱりMCが言わないと。

石井　そうですよね。ご忠告、ありがとうございます！　あと、芸人さんをリスペクトしているので、恐れ多いんですよね。ボク、メジャーリーガーの方と一緒に野球をやらせてもろてんな、といまだにスタジオで思いますもん。

友近　でもどっかで、「あっ、この芸人、おもろないな！」と思うことはあるでしょ。

石井　あります（笑）！

友近　そう。それを持ってる。それが石井なんですよ！

石井　でも、このあいだ東京の番組に呼んでいただいて、そのオンエアを見て、いろいろ感じました。収録中のスタジオではそんなにしゃべっていなかった芸人さんが、オンエアではちゃんと爪痕を残している。あっ、そういうことか、と。それって素晴らしい技術ですよね！　じゃあ、ボクが面白いことを言えたのか、というと、そうじゃないので、そこはちょっと反省しています。

友近　でも、「闘おう！」っていう、爪痕を残そうっていう気持ちはあるやん。

石井　その気持ちをヒロミさんがわかってくださったのか、途中からバンバン振ってくださるようになって。収録が終わったら「メシに行こう」って誘っていただけて嬉しかったです。

友近　そういう姿勢が大事ってことですよ！

石井　友近さんが単独ライブを毎年やるのは、ご自分のやりたいことを表現したいからですか？

友近　そうやね。やっぱりテレビという限られた時間の中で、自分をすべて出し切れるわけないし、本当に自分がやりたいこととか、お客さんと共有するためにはもうライブしかないなということで。それで必ず水谷千重子と友近で年に1回は大掛かりにやろうって決めてやってるんですけどね。

石井　水谷千重子の名古屋でのディナーショーは司会を5年以上やらせていただいて。

友近　いやもう、石井くんが出てきたらみんな「わーっ！」ってなりますから。

石井　それが一回、永岡（歩）っていうボクの後輩アナウンサーに替わったんですよ。で、悔しいなと思っていたら、次の年、またボクに戻ってきた。彼には申し訳ないけど、友近さんとのお仕事だけはやっぱり嬉しいんですよ。もうね、「やっぱり石井やったんや！」って勝手に喜んでました。

友近　わかるわ〜。ＤＨＣのコマーシャルを私ずっとやってたのに別のタレントさんに替わった。せやけど、次の年また私に戻っててん。やっぱり太ってる人が痩せたほうがいいっていう理由だけど（笑）。

石井 そこは笑っていいんですかね（笑）。でも、そうやって単独ライブの司会もご指名をいただいたりして。もう10年ぐらいになりますよね、ご縁ができてから。

友近 なるね。私ね、石井くんに限らずに「この人、絶対面白いのになかなか評価されてないな」って思う人のことは、どんどん世に出したいんです。

石井 それで『うもれびと』に推薦してくださって。

友近 中居（正広）くんとそんなにがっつり番組で絡むことないけど、「たぶん好きやろな、中居くんも」っていうのはなんとなく思ってたし。それに「私が面白いと思う人はどこに出しても違いない!!」って勝手に私は思ってるんで。だからね、キャスティング能力って私、スゴくあると思ってるんですよ、本当に！　ライブのキャスティングもそうですけど、この人ら組ませたら絶対おもろいって思ったら、１００％お客さん満足して帰ってくれるから、そこの自信はスゴくあるんですよね。

石井 もはや、お笑い〝あげまんモンスター〟ですよ！

友近 石井くんの場合は、もう何年か確認作業を自分の中でして、「ああ、大丈夫やな、人に紹介できるな」って思ったから『うもれびと』に出てもらって。

石井 ありがたい話ですよ。それ以外でも映画『嘘八百』を撮った時にも、「中井貴一さんと佐々木蔵之介さんと東京でご飯食べるから、石井くんも来てみる？」って。そんなスゴい場にも呼んでくださってね。ボク、映画にまったく出ていないのに（笑）。

友近　だからそれもね、中井貴一さんがスゴい私のことを信用してくれてて。何を信用してくれてるかっていうと、キャスティング能力ですよ。「友近さんが連れてくる人、友近さんが美味しいと思うものは、俺、信頼してるから。もうご飯会のキャスティングは任す」って言われたんですよ。

石井　あの時はずんの飯尾和樹さんとボクでしたね。和食の店で松茸の土瓶蒸しが出てきた時に、それをパカッと開けた中井さんが香りを嗅いで、「もうこんな季節なんやな」言いはって。「うわっ、CMみたい！」って鳥肌立って。で、最後、お会計ですってなったら「DCカードで」って。「またCMやん！」って興奮しました！

友近　はい、このネタはここまででワンセットで（笑）。こういうところよ。こういう会話ができるアナウンサー、なかなかいないから。

石井　せっかく、そういう場を設けていただいたんですから、何かを得たいんです。「ネタを2、3個持って帰らな損や！」ぐらいの感じで。あの時も東京へ日帰りで行きましたから。

友近　フットワークはすごくいいんだけれど、これは行ってもあんまり得られるものないな、自分が行く意味がないな、というものはスパッと断るでしょ？　そこはやっぱりちゃんとしている。だからね、私『ゴゴスマ』では今の感じがベストかな、と思う。で、キャスティング能力の続きやけど、『花咲かタイムズ』でいうと、やっぱり東京の情報と

かはそんなにスタッフさん知らないから「今、この人きてますよ」っていうのはスタッフさんに情報として言うんです。これは言うときますけど、私がキャスティングしてるわけじゃないですからネ。あくまでも情報として。

石井　アジアン馬場園（梓《あづさ》）さん、ハリセンボンさん、ゆりやんレトリィバァさん、尼《あま》神《こう》インターさん!!

友近　それから直美ちゃんね。

石井　そう、渡辺直美さんを引っ張ってきてくださって。名古屋のローカル番組にですよ。

友近　なんか空気感がこの人と合うやろなとかって組み合わせを考えるのが得意なんですよ、やっぱり（笑）。それを活かして、自分の単独ライブもやっているんですけど。

石井　ハッキリ言うたら、友近さんがネタをやっている時に、客席、誰ひとり笑うてへんいう時もあるんですよ。でも、袖ではめっちゃ笑うてるんですよ。芸人さんとかスタッフが。それで言うと、飯尾さんが言うてくれたのが「石井くんはあれだね。客席は誰も笑わないけど、袖が笑うタイプだね」と。たしかに、僭越《せんえつ》ですけど、それも友近さんにも共通するなと思って。

友近　自分が面白いって思うことは、やっぱり表現したいし、それで笑ってくれる人がいるんですよね、同じ価値観で。だからそれは変えたくないなって思うし。

石井　だから単独ライブなんかほぼリピーターちゃいます？

友近　そうですね。あとは口コミでいろいろ増えてってっていう感じ。ゆりやんも同じタイプなんですよ。ゆりやんはもうこれって思ったらどんだけスベってもやるっていう。「それをやりたいからやる」ということで。

石井　だから、出ようか出まいか迷ったらとりあえず出よう、という気持ちにさせてくれたのは友近さんですよ。ボク、それまでずっと前に出ようか出まいか迷って、いや、出んとこ、これがアナウンサーの美徳や、みたいなところがあったんです。でも、友近さんが「そんなんしてたら、あんたおもんない。だから『R‐1ぐらんぷり』に出たら」と言われて。ボクもすっかりその気になってたんですけど、さすがに会社に「他局のイベントだからダメや」とあっさり却下されました（苦笑）。でもね、その時に却下した部長が、最近になって「今やったら出してやったよ。あの時は突然言われたけれど、今は石井くんのやりたいことがやっとわかったから」と。それを聞いてジーンときましたね。

友近　いい会社でいい部長さんやね。でも私も私で、ニュースが苦手やから、本当に『ゴゴスマ』に来て、いろいろと勉強させてもらってますよ。何がいいってね、石井くんが一方的に進めないところと「俺が教えたる！」がないところ。

石井　「コメンテーターに聞いてみましょう」なので。

友近　結果、ソフトな感じになるから、同じ枠のほかの番組と比べたら、家族感だったり、優しさというイメージだけは絶対に勝つやろな、と思うし。

石井　それでやらせていただいてます。この本を書く時にね、友近さんのエピソードをたくさん書こうと思ってたんですけど、いざとなると、なんもないんですよ。本当にこの対談で出てきた話ぐらいのもので。

友近　いわゆる「おもしろエピソード」はないよね。普段からくだらないことばかり話しているから、話している時間はすごく長いのに、まったく印象に残っていない（笑）。

石井　そう。だから浅く、早く、薄く、ですよ。

友近　なんやったら岡田さんが一番まともやん。この3人でしゃべっていて、私らがふざけると、岡田さん、すぐに止めに入るもんな。本当に真面目、あの人（笑）。

石井　真面目でいい方ですね。本当にボクの人生、友近さんとますだおかださんに変えてもらったようなものなので、今、こうやって同じ番組でご一緒させてもらえているのは、奇跡やと思うてます。ボクは本当に底辺やと思ってますから。ニュースの知識もない、お笑いでは芸人さんに当然ながら敵わない。だから、ニュースはコメンテーターさんに意見を聞いて、お笑いは芸人さんにお任せする。これ、自分が「できる」と勘違いしていたら、ひとり相撲になって『ゴゴスマ』は上手くいっていなかったと思います。

友近　そう言うけどな、コメンテーターに聞くだけじゃなくて、ちゃんとそれを引きとってまとめるし。それはちゃんと理解しているってことでしょ？　そこは感心してます、本当に！

石井　あんまり褒められると、「石井にダメ出し」というこの対談の趣旨がちょっと(照)。最後にダメ出しをお願いします！

友近　まぁ、さっきもちょっと言ったけど、好感度やイメージは大事やけど、言わなきゃいけない、という〝正義の部分〟は持ちながらやってほしいな、ということ。あと、返事やね。番組中の「はい、はい」という、あの返事のトーン!!

石井　あぁ、よく怒られます……すいません。人がしゃべっている時に「もう早うせい」に聞こえる、と。

友近　意識なしで言うてるのかもしれないけど、まだしゃべりだしたところやのに「早うせい」のトーンで言うから、ヒヤヒヤする時がある（笑）。

石井　本当に気をつけます（汗）。でも、よく聞いたら、岡田さんもそうなんですよね。「はっ」「ほっ」と。

友近　岡田さんはしゃべる時は全部、リズムでしゃべるから。だから、なんやろうな……岡田さんの話はもうええか（笑）。

石井　ボクたちも本当に岡田さんが大好きですよね（笑）。

友近　最後に言わせてもらえればね、進行が上手い人、技術がある人はいっぱいおるかもしれないけれど、芸人とあやってやりとりができるアナウンサーって、やっぱり、なかなかいないんですよ。くだらないほうの遊びができる人は、ほかには誰ひとりいない！　だから、石井くんはいちばん面白いアナウンサーじゃなくて「芸人をいちばん面白くしてくれるアナウンサー」だと思う。これは間違いない。芸人に喜ばれるアナウンサーとして、これからもがんばってください。

石井　最高の褒め言葉です！　今日はありがとうございました！

おわりに ～素晴らしい人たちに囲まれて～

いかがでしたでしょうか？

何せ初めての本なので、いろいろとわからないことばかりで、友近さんとの対談でも言いましたけど、「自分に都合のいいことばかり書いているんじゃないか？」と不安になったりもしました。

子どもたちには「愚痴と自慢は家でだけ！」と言っておきながら、これ、自慢話ばっかりになっているんじゃないか、とも悩んだりもしました。

そんな事情もあって、ワニブックスの担当者さんに「ボクをよく知っている方にコメントをもらってきていただけますか？　なんなら全部、ボクの悪口になったほうがありがたいぐらいです」とお願いしました。読者の方も面白いでしょうし、ボクも安心できます。独りよがりにならなくてよかった、と。

そんな無茶な申し入れに協力していただいたのが、入社試験の時に面接官を務めてくださり、ボクが若手時代にラジオ番組で多くの指導をいただいた元ＣＢＣアナウンサーの多田しげおさん。今でもバリバリの現役パーソナリティーです。

そして『ゴゴスマ』のスタート時から、アシスタントとしてボクと番組を支えてくれたCBCテレビの古川枝里子アナウンサー。放送中、古川アナには何度救われたかわかりません。この人がいてくれるから番組は進行できています。

実は多田さんと古川アナがどんなことを話してくれたのかは、ボクも本が出るまでわかりません。実際、この「おわりに」を書いている時点でも、担当者からは1文字も見せてもらえていません（涙）。

ボクの悪いところもよく知っているので、ビシッと厳しい意見をぶつけてくれていると思いますが、同業者から見たボクの印象が加わることで、よりこの本の内容も深まるのではないでしょうか⁉　身内だからこそのコメント、ボクも読むのを楽しみにしています。

さらにありがたいことに、ますだおかだのご両人からもコメントをいただきました。この本でも書いたように、ボクはますだおかださんのラジオ番組のヘビーリスナーで、学生時代に電話で番組に出演させていただいたこともあります。

あの経験がなかったら、ボクはアナウンサーになっていなかったかもしれません。オーバーではなく、ボクの人生を変えてくれた恩人です。そんな方からコメントをいただけるなんて、本当にボクは幸せ者です。

対談に登場していただいた友近さんもそうですけど、ボクは出会いに恵まれた人間だと思いますし、その出会いがたくさんつながって、大きな「縁」になっていく——まさにボクの歴史がこの本にコメントを寄せていただいた方々で紡がれています。この「縁」をボクはさらに広げていかなくてはいけません。


家族への感謝の気持ちは本の中でたくさん書きましたけど、ほかにも感謝しなくちゃいけない方がたくさんいます。

特に『ゴゴスマ』に関わってくれているスタッフのみんなには、感謝してもしきれません。

出演者の方々についてはいろいろと書いてきましたけど（書き切れなかった方、本当にすいません！）、番組作りに奔走《ほんそう》してくれているスタッフの存在がなければ、そもそもボクはスタジオに立てません。

来る日も来る日も放送開始ギリギリまで、あの巨大ボードを一生懸命、作ってくれているのに、たまにボクがいらんことを言ったせいで、トークが思わぬ方向に脱線し、結局、ボードの最後までたどりつけなかった、なんてこともよくあるんです。

せっかくの苦労を無にしてしまって、本当に申し訳ないなぁと思うんですが、みんな、なんの文句も言わない。これからは予定どおりに番組が進行できるように、もっともっと、しゃべりの腕を磨きます！

メイクさんもスタイリストさんもダサいボクをなんとかデジタル放送に耐えられるレベルまで上げてくださってありがとうございます。

ディレクターのみんなも予算や地理的な問題などさまざまな制限がある中で、番組を構成してくれて尊敬しています。

いつもスケジュールや体調にまで気を配ってくださる原アナウンス部長の存在も欠かせません。

そのほかカメラさん、美術さん、広報担当者、営業担当者、アナウンス部、お掃除係の人まで『ゴゴスマ』は画面からは見えない人たちに支えられています。

ボクを育ててくれたＣＢＣにはもっと恩返ししなければなりません。

あと、もう少し書かせてください。

現在の番組プロデューサーである稲垣さんには、自由にＭＣをやらせてもらって本当に感謝しています。スタジオのフロアから指示を出し続ける増子ディレクターにも感謝の気持ちしかありません。

感謝の気持ちといえば、伝えたい人はまだまだいます。

『ゴゴスマ』がスタートした初期からのメンバーである武田邦彦先生、大久保佳代子さん、荻原博子さん、黒田知永子さん。番組を盛り上げてくださり本当にありがとうございます。

アシスタントとして、番組を支えてくれる根本美緒さん、馬場典子さん、皆藤愛子さん。頼りないMCをいつも支えてくれて感謝してもしきれません。

どんな時でも、的確に受け答えしてくださるニュース解説の石塚元章《もとあき》さん。おかげさまで難しい時事問題もわかりやすく伝えられます。

さらに、日々のお天気をお茶の間に届けてくれる気象予報士の沢朋宏さんと桜沢信司さん。現場から旬の情報を届けてくれる中継リポーターの奥平邦彦さん。お三方のおかげで、『ゴゴスマ』は情報番組として成立しています。

そして、関東圏での放送を決断し、番組が苦しい時も見捨てずにずっと力を貸してくださっているTBSさん。さらには名古屋発の情報番組を放送してくださっている各局の皆さん。スタッフや出演者さんたちと力を合わせて、もっともっと『ゴゴスマ』

を面白くして、恩返しできたらと強く思っています。

何よりも『ゴゴスマ』をご覧くださっている視聴者の皆さん、この本を最後まで読んでいただいた読者の皆さん、本当にありがとうございます。

ボクのこと、番組のこと、少しはおわかりいただけましたか？　アホだなぁ、でも、おもろいやっちゃなぁ～、でも構いません。ほんの少しでも『ゴゴスマ』に興味を持っていただけたら幸いです。

これからも月曜日から金曜日までのお昼はテレビの前でお会いしましょう。

午後1時55分からお待ちしています！

２０１８年8月吉日　ＣＢＣテレビアナウンサー　石井亮次

石井亮次の母より 読者の皆さまへ

息子 亮次は1977年3月27日に3550グラムでこの世に生を受けました。

手のかかる年子の兄の後ろをついて歩く、手のかからない子で穏やかな幼少時代を過ごしていたと思います。中学校は男子校でこれまたのびのびと育ち、親の目の届かないところでは色んな経験をしていたようです。

就職時期になり本人の希望職種はアナウンサーでした。ただ、おしゃべり好きや高校野球の実況放送の真似が上手であるだけでなれるほど、甘くない世界だと思い、本人の暗記の能力を活かした職業を勧めたこともありました。けれど本人の強い意志で狭い門であるアナウンサーの道を目指し、北は東北、南は九州と目にクマを作り走り回っていました。

あの時、目にクマってできる事を初めて知りました。毎日不採用の報を受けて、くじけそうになる息子の後ろ姿を貴方なら大丈夫と励ましましたが…

やはり甘くなく、一年目は見事に落ちました。ただある局で最終に残り、惜しくも不採用になり最後の望みを託して、次の一年は自分に足りない勉強や未経験の事にチャレンジして本人の最善を尽くしていたと思います。次の年、再度挑戦し、名古屋の中部日本放送ＣＢＣさんに有難くも採用していただき今に至っています。内定をもらった日のことはつい先日の様な気がします。

今、夢だったアナウンサーとして活躍できている事は　親として感謝してもしきれません。

そして、ゴゴスマというお昼のワイドショーのＭＣとして抜擢していただいた時は、主人と私で祝杯を挙げたものでした。東京にも放送されてその間色んな事があったと思います。周りの皆様が息子を活かしてくださっているといつも感じています。

その半年後、息子の良き理解者であった主人が亡くなりました。ひと月少しの入院でしたが忙しい中何度も見舞いに来てくれて笑わせてくれました。最期の時にも、家族や兄弟がみんな揃って交替で見守ってくれる中、息子が突然『父ちゃん！ありがとう！』と大きな声でお礼を言うと、主人は『まだ早い！』と返してくれました。血圧も上がり安定しました。嬉しかったです。

天国で今も息子のボケに突っ込んでニコニコしていると思います。一年後の命日に主人の遺したネクタイで放送に挑んだ日に、番組が最高視聴率を更新したと嬉しい連絡がありました。ああ、まだ主人はいるんだ！　見守ってくれていると思いました。

子どもが産まれた時、親としてやる気と思い遣りのある人間になってくれる様にだけを考え育ててきたつもりですが…未だにハラハラドキドキしながらテレビを観ています。

これからも感謝を込めて、稲穂の様に生きていって欲しいと思います。観てくださっている方にクスッと笑って貰えたり、楽しい気持ちを感じて貰えるようなアナウンサーでいて欲しいです。まだまだ未熟者ですので、今後とも宜しくお願い申し上げます。

母　石井美穂子

石井亮次 いしい・りょうじ

CBCテレビ アナウンサー

1977年3月27日生まれ。大阪府東大阪市石切出身。同志社大学卒業。

小学3年生の頃、ラジオの野球中継の実況を聞き、憧れたことがアナウンサーを目指すきっかけに。大学4年生の年にアナウンサー試験を受けたところ、上位20人にまで残るが、採用には至らなかった。それでも、大学を休学して、翌年にも在阪・在京・在名各局のアナウンサー試験へ挑戦。その結果、2000年に、在名局の1つであるCBCにアナウンサーとして入社を果たす。

CBCにはスポーツ実況要員として採用されたが、スポーツ中継を修業したのは入社後2年間のみ。以降はバラエティ番組から報道番組まで幅広く担当している。

JNN・JRN系列局の優秀なアナウンサーを表彰するアノンシスト賞では、2003年度の第29回ラジオ「フリートーク部門」で最優秀賞、2005年度の第31回テレビ「フリートーク部門」、および第43回ラジオ「読みナレーション部門」で優秀賞を受賞した。

2013年4月1日からは、CBCテレビ制作の情報番組『ゴゴスマ～GO GO！Smile！～』で総合司会を担当中。CBCの放送対象地域である愛知、岐阜、三重の3県に向けてお届けする、東海地方向けの番組として始まった同番組は、2015年からはTBSやTBS系列局の一部でも同時ネットで放送されている。

こんにちは、ゴゴスマの石井です

著者　石井亮次（いしい りょうじ）

2018年8月30日　初版発行

装丁　森田直／積田野麦（FROG KING STUDIO）
撮影　大澤健二（オーサワ フォト プロダクション）
校正　玄冬書林
構成　小島和宏
企画協力　日笠昭彦
取材協力　安部正実、稲垣邦広、大澤良二、佐藤綾子、原美紀（CBC テレビ）
編集　岩尾雅彦、金城琉南（ワニブックス）

発行者　横内正昭
編集人　青柳有紀
発行所　株式会社ワニブックス
〒150-8482
東京都渋谷区恵比寿4-4-9えびす大黒ビル
電話　03-5449-2711（代表）
　　　03-5449-2716（編集部）
ワニブックス HP　http://www.wani.co.jp/
WANI BOOKOUT　http://www.wanibookout.com/

印刷所　株式会社 光邦
DTP　株式会社 三協美術
製本所　ナショナル製本

定価はカバーに表示してあります。
落丁本・乱丁本は小社管理部宛にお送りください。送料は小社負担にてお取替えいたします。ただし、古書店等で購入したものに関してはお取替えできません。

ISBN 978-4-8470-9707-2